忙しい人のための

公認心理師試験対策問題集

【第2版】
上巻

青山 有希　喜田 智也　小湊 真衣［編著］

明誠書林

はじめに

本書は、公認心理師試験の受験生に、「点を取る技術を身につけてもらい」、「最小限の時間とコストで合格」していただくために作った問題集です。

具体的には、次の3点が本書の特長です。

1. 点を取る技術を具体的かつ詳細に説明している。
2. 各章を5節に分けた構成にしてあり、「今日はこの節」「明日は次の節」など、隙間時間に学習できるようにしている。
3. 合格するために欠かせない事例問題（普通問題は1問1点、事例問題は1問3点）への対策として、各領域の現場の具体的な様子が分かるように説明している。

本書は、仕事をしながら公認心理師試験の学習に取り組み、合格した3人で作りました。この3人の共通点は「教えることのプロ」であることです。喜田はプロの予備校講師であり運営者（臨床心理士・公認心理師養成）、小湊は大学教員として教えています。そして私も、臨床しながら大学教員として、専門職養成に携わっています。

仕事をしながらの学びは大変です。初めての公認心理師試験の勉強は、見通しを立てられず困難を極めました。その要因の1つに、「これだ！」と思えるテキストに出合えなかったことが挙げられます。そのためいろいろと苦慮しながら、有益な情報を仲間と共有し合い、とにかく合格基準の60％程度を超える点が取れるようにということを意識して、仕事のちょっとした隙間時間に学びました。そのような経験を元に、私たちは試験が終わってから「使い勝手のよいテキスト」作りを目指しました。

本書は、「最小限の時間とコスト」を優先して細かい知識補充を目的としていないため、物足りないと思う人はいるかもしれません。しかし、この上下2巻を使ってしっかり学習していただければ、合格できる技術と自信が間違いなく身についていることでしょう。

公認心理師は自動車の運転免許のように、あくまで免許です。大切なのはその後、つまり「公認心理師としてどのような実力をつけられるか」であるのは言うまでもありません。合格基準は60％程度以上の得点なのですから、多忙な人ほど満点ではなく合格基準を超えることを合理的に目指し、早く合格して公認心理師として活躍してほしいのです。その思いから、私たちは「教えることのプロ」として、あえて内容を絞りました。

本書が、忙しく毎日を過ごしているみなさんの一助になれば幸いです。

編著者を代表して　　青山有希

忙しい人のための
公認心理師試験対策問題集 上巻

CONTENTS

忙しい人のための 公認心理師試験対策問題集 下巻

CONTENTS

点を取る技術

喜田 智也

試験本番では、それまでの努力を遺憾なく発揮したいものです。そのためには、知識だけでなく「点を取る技術」を身につけることがポイントになります。

以下の技術を習得し、合格を引き寄せましょう！

① 出題パターンを知る。

公認心理師試験は全ての問題がマークシート方式なので、各選択肢には○か×しかありません。そこで問題作成者は×の選択肢を作らなければなりませんが、そのパターンは3つしかありません。

1 言葉を変える。

⇒**例**：「指示」を「指導」

例題：主治の医師がある場合は、公認心理師はその医師の指導を受けなければならない。

解説：正答は「指示」ですが、これが「指導」に変更されているために×となります。

2 数字を変える。

⇒**例**：「1か月」を「6か月」

例題：PTSDの診断が下されるには、その原因となる出来事が起きてから6か月以上の期間が必要である。

解説：正答は「1か月」ですが、「6か月」に変更されているために×となります。

3 過度な言い方や限定的な表現（だけ、のみ、絶対に、何よりもまず、早急に、等）

⇒**例題**：PTSDの診断がつくのは、重症を負う出来事などを直接体験した場合のみである。

解説：PTSDは直接体験だけではなく、目撃や、親族や親しい友人などからそういう出来事にあったと聞くことや、複数回の曝露でも発症することが診断基準に書かれています。この例題ではそれを限定的に扱っているので×となります。

☆ 反対に、「含みを持たせた選択肢」はだいたい正解です。

⇒例題：場合によっては、医療機関にリファーすることも検討していく。

解説：「医療機関にリファーすること」は当然検討すべきことです。それを「必ず」だと当てはまらないケースもありますが、「場合によっては」だと臨機応変な対応と考えられるので、正答となります。

⇒例題（2020年公認心理師試験問題1）、正答②

要支援者と公認心理師の関係について、適切なものを1つ選べ。（下線は筆者加筆）

① 心理療法の面接時間は、要支援者のニーズに合わせてその都度変えるのが良い。

② 投薬が必要となり、精神科に紹介したケースも、必要であれば心理的支援を継続する。

③ 知らない人に対して気後れして話ができないという友人の母親のカウンセリングを引き受ける。

④ 大学附属の心理相談室で新規ケースのインテーク面接を行う場合、受理するかどうかは自分一人で決める。

⑤ 学校内で自殺者が出た場合の緊急介入時には、事実を伝えるのは亡くなった生徒と親しかった少数のみに限定するのが原則である。

☆ 狙われやすいのは「何となく聞いたことのある言葉」

⇒不安が高いと、知っている言葉があると○を付けたくなる（特に統計用語など）。

例題：クロンバックのα係数は、構成概念妥当性を測定する指標である。

解説：クロンバックのα係数は信頼性の中の内的整合性を評価する指標であるため間違いですが、クロンバックのα係数も構成概念妥当性も「何となく聞いたことがあるが、はっきりと自分の言葉では説明できない」という人が多い用語です。そのような問題が用語を変えられて作られます。多くの受験生は正答が分からないものの「クロンバックのα係数」も「構成概念妥当性」も聞いたことがあるので、不安から○を付けて間違えてしまうのです。

② ×を探しにいき、△も効率よく使う。

選択肢に○を付けるのは、選択肢内の全ての用語が間違っていないことを知っていなければならず、なかなか難しいものです。

そこで、×を探しにいきましょう。選択肢内に１つでも×があれば、その選択肢自体が×になります。そして選択肢を読んでいる途中に×を見つけられれば、次の選択肢に素早く移ることができます。

また、選択肢を最後まで読んでも×を見つけられない上に○とも判断できないことがよくあります。その場合は△を付けて、素早く次の選択肢に進みましょう。

⇒**例題**：バウムテストは「なぐり描き」を表す言葉であり、Naumburg, M. が開発した描画技法の名称である。まずグルグル描きを鉛筆などで描き、そこから見えてくるものを絵として完成するというゲーム的で単純な手続きで行われるため、絵の得手不得手によるクライエントの抵抗が少ない技法であると言われている。

解説：上記のように比較的長い文となると、「バウムテスト」、「なぐり書き」、「Naumburg, M.」、「描画法」、「グルグル描きを鉛筆などで描き、そこから見えてくるものを絵として完成するというゲーム的で単純な手続きで行われる」、「クライエントの抵抗が少ない技法」という用語全てが適切でないと○になりません。しかし、「Naumburg, M. が開発した描画技法」は「スクリブル」なので、それを知っていれば全ての用語を検討しなくても全体が×となります。まずは×を探しにいくことがポイントです。

③ 国語力だけで解ける問題もあるので、知識がないからといって諦めない。

問題を読んで「知識がないから解けない」と諦めてはいけません。実は、国語力だけで解ける問題も多いのです。

例題（2018 年公認心理師試験問題 2）

児童虐待について、緊急一時保護を最も検討すべき事例を１つ選べ。（下線は筆者加筆）

① 重大な結果の可能性があり、繰り返す可能性がある。

② 子どもは保護を求めていないが、すでに重大な結果がある。
③ 重大な結果が出ていないが、子どもに明確な影響が出ている。
④ 子どもは保護を求めていないが、保護者が虐待を行うリスクがある。
⑤ 子どもが保護を求めているが、子どもが訴える状況が差し迫ってはいない。

解説：②と③で迷うかもしれませんが、問題文は「最も」「1つ選べ」なので正答は②です。

それではここで、「点を取る技術」②と③を使って以下の問題を解いてみましょう。

例題（2018年公認心理師試験問題68）

12歳の男子A、小学6年生。Aは授業中ぼんやりしていることが多く、学習に対して意欲的な様子を見せない。指示をしない限り板書をノートに写すことはせず、学習全般に対して受動的である。常に学習内容の理解は不十分で、テストの点数も低い。一方、教師に対して反抗的な態度を示すことはなく、授業中に落ち着かなかったり立ち歩いたりという不適切な行動も見られない。クラスメイトとの人間関係にも問題があるとは思えず、休み時間などは楽しそうに過ごしている。知能指数は標準的で、言葉の遅れもなく、コミュニケーションにも支障はない。また、読み書きや計算の能力にも問題はない。

Aの状態として最も適切なものを1つ選べ。

① 学業不振
② 学習障害
③ 発達障害
④ 学級不適応
⑤ モラトリアム

解説：問題文の中に「読み書きや計算の能力にも問題はない」とあるので、②学習障害が不適切。また、「授業中に落ち着かなかったり、立ち歩いたりという不適切な行動も見られない」、「コミュニケーションにも支障はない」という記述があるので、③発達障害も不適切。そして「クラスメイトとの人間関係にも問題があるとは思えず、休み時間などは楽しそうに過ごしている。」と記述があるので、④学級不適応も不適切。そもそも12歳であるので、⑤モラトリアムは不適切。その結果、消去法で①学業不振が正答となります。この問題で積極的に①を選ぶのは不可能に近いので、国語力、消去法を使い、正答を導く「技術」が必要です。

また、**上巻第12章「精神疾患とその治療」「4　PTSD（心的外傷後ストレス障害）」問題2（2018年公認心理師試験問題153）**も、同様の技術で正答できるので確認しましょう。

④ 事例問題は、まず選択肢を読む。

「時間が足りなかった」と感想をもらす受験生が多いのですが、その要因の1つに、事例問題に時間をかけてしまうことがあります。

そこで、事例問題では選択肢を先に読みましょう。選択肢を読んだだけでもある程度正答を絞ることができたり、それだけで正答できることが往々にしてあるからです。

詳細を読むのは、選択肢を読んでも絞り切れないときだけにしましょう。

⑤ そもそも「心理師」の試験である。

試験では心理的要因が関連する問題が出題されます。これは当たり前のことですが、いざ問題を解くとなると、選択肢の「ひっかけ」に惑わされてしまうことがあります。

例えば、一般的な友人、保護者や教師などが問題文に登場した場合、その人たちとは違う役割（受容、傾聴など）の選択肢を選びましょう。

試験の場では「公認心理師である前に、人として…」のような発想をすると余計な迷いを生じてしまうので考えないようにしましょう。

ここで、「点を取る技術」④と⑤を意識して、公認心理師試験の問題を見てみましょう。

【2018年公認心理師試験問題72の選択肢】

下線部（筆者加筆）を見れば、事例問題を読まなくても×を付けることができます！

相談室の公認心理師の対応として、最も適切なものを１つ選べ。
① Ａに中期目標をどのように書くべきか助言する。
② 現在Ａは抑うつ状態であるため、まず精神科への受診を勧める。
③ 昇進はチャンスと捉えられるため、目前の中期目標の作成に全力を尽くすよう励ます。
④ 目前の課題に固着するのではなく、キャリア全体から現在の課題を眺めることを支援する。
⑤ 現在のＡには中期目標の作成は過重な負荷であるため、担当を外してもらうよう助言する。

解説
①× 「目標を書くアドバイス」は心理師の役割ではない。
②× 相談室の心理師としては、「医療機関」を「何よりもまず」は勧めずに傾聴、アセスメントをしていく。
③× 「励ます」は心理職の役割ではない。ただし、「ねぎらう」は正答の可能性が高い。
④△ ×を付けられないので△として残す。
⑤× 「担当を外してもらうように人事担当者にコンサルティングする」のは、相談室の心理師とすれば越権行為である。
「心理師としての×」を積極的に探しにいった結果、△の④が正答です。

それでは以下の問題で練習してみましょう。

【2018年公認心理師試験問題70の選択肢（下線は筆者加筆）**】**
スクールカウンセラーの対応として、まず行うべきものを１つ選べ。
① 教育支援センターの利用を強く勧める。
② 「お宅に伺ってＢ君と話してみましょう」と提案する。
③ Ａの苦労をねぎらった上で、Ｂの現在の様子を詳しく聴く。
④ Ａのこれまでの子育てに問題があるのではないかと指摘し、Ａに改善策を考えさせる。
⑤ 「思春期にはよくあることですから、そのうちに学校に行くようになりますよ」と励ます。

解説：①は「強く」があるので×。②は否定できないのでとりあえず△を付けて次に進みます。③も△で次に。④の「指摘し」は受容していないので×（「まず行う」なので無条件の受容が必要）。⑤「励ます」とあるので×（心理職の試験において「励ます」は×）。残った②、③でどちらが「まず」かを時系列で考えると③となります。

＊もし「適切なものを２つ選べ」という設問なら、②と③を選べば正答です。

⑥ 事例問題は素早く解く技術を磨き、満点を目指す。

公認心理師試験合格のためには、事例問題の得点が大きなポイントになります。なぜなら、一般問題は１問１点に対し、事例問題は１問３点だからです。

事例問題は全154問（総得点230点）中38問出題され、もし全問正答すれば114点、合格基準が正答率60％程度以上（138点以上）なので、一般問題の全116問中24問、つまり５問のうち１問正答すれば合格できるのです！

すでに④で事例問題の技術を１つ紹介しましたが、合格をより大きく引き寄せるために、以下の技術をしっかり身につけましょう！

1 設問（事例本文ではありません）を読み、「最初に」や「まず」と聞かれたら、最も抽象的な選択肢を選ぶ。

例題（2018年公認心理師試験問題69、下線は筆者加筆）

40歳の男性A、小学校教師。Aは「授業がうまくできないし、クラスの生徒たちとコミュニケーションが取れない。保護者からもクレームを受けている。そのため、最近は食欲もなくよく眠れていない。疲れが取れず、やる気が出ない」とスクールカウンセラーに相談した。

スクールカウンセラーの対応として、まず行うべきものを１つ選べ。

① 医療機関への受診を勧める。
② 管理職と相談し、Aの業務の調整をする。
③ Aの個人的な問題に対して定期的に面談する。
④ Aから授業の状況や身体症状について詳しく聴く。
⑤ Aの代わりに、保護者からのクレームに対応する。

解説：先ほどの問題もそうですが、「まず」と聞かれたら、抽象的な選択肢に注意を向ける意識をしていきます。語尾をみると、①勧める、②調整をする、③面談する、④聴く、⑤対応する、であり、その中で一番抽象的（具体的に行動に移していない）なものは④の「聴く」であるので、④を選びます。

また、**上巻第８章「福祉に関する心理学」「2　児童虐待」問題１（2018 年公認心理師試験問題 143）**も、同様の技術で正答できるので確認しましょう。

2　自殺対応は、自殺について「クライエントが言っていた」り、「直接聞いた」ら、医療機関へ。

例題 1（2018 年公認心理師試験（追加試験）問題 139）

17 歳の男子 A、高校２年生。スポーツ推薦で入学したが、怪我のため退部した。もともと友人は少なく、退部以降はクラスで孤立し、最近欠席も目立つようになっていた。「死にたい」と書かれたメモを A の保護者が自宅で発見し、スクールカウンセラーに面接依頼があった。保護者との面接では家庭環境に問題は特に認められず、A は「死ぬつもりはない」と話したという。A との面接では、落ち着かずいらいらした態度で、「死ぬ方法をネットで検索している。高校にいる意味が無い」、「今日話したことは誰にも言わないでください」と語った。

スクールカウンセラーの判断と対応として、最も適切なものを１つ選べ。

①　自殺の危険は非常に低いが、A を刺激しないよう自殺を話題にすることを避ける。

②　自殺の危険が比較的低いため、ストレスマネジメントなどの予防的対応を行う。

③　自殺の危険が比較的低いため、得られた情報は秘密にし、A との関係形成を図る。

④　自殺の危険が非常に高いため、A の安全を確保して、医療機関の受診に結び付ける。

⑤　自殺の危険が非常に高いため、自殺企図を引き起こしたきっかけを尋ね問題の解決を図る。

解説：「死ぬ方法をネットで検索している」と具体的な行動があるため、自殺の危険が非常に高いと判断し、選択肢④、⑤に絞ることができます。自殺企図を引き起こしたきっかけを尋ねても問題の解決には至らないことが多く、考えうる選択肢は④です。

例題２（2018 年公認心理師試験（追加試験）問題 144）

大学の学生相談室のカウンセラーが、教員Ａから以下のような相談を電話で受けた。「先月、ゼミを１か月欠席している学生Ｂを指導するため面談しました。Ｂは意欲が減退し、自宅に引きこもり状態で、大学生にはよくある悩みだと励まし、カウンセリングを勧めましたがそちらには行っていないようですね。Ｂは私とは話せるようで、何回か面談しています。今日の面談では思い詰めた表情だったので、自殺の可能性を考え不安になりました。後日また面談することについてＢは了承していますが、教員としてどうしたら良いでしょうか。」

このときのカウンセラーのＡへの対応として、最も適切なものを１つ選べ。

① Ｂの自殺の危険性は低いと伝え、対応はＡに任せる。
② カウンセラーがＢと直接会ってからＡと対応を検討する。
③ Ｂにカウンセリングを受けることを強く勧めるよう助言する。
④ Ｂの問題を解決するために継続的にＡに面談することを提案する。
⑤ 危機対応として家族に連絡し医療機関への受診を勧めるよう助言する。

解説：この問題は上述の例題１が「医療機関の受診」が正解だったので、⑤を選びそうになりますが、少し踏みとどまりましょう。理由として例題１のように「死ぬ方法をネットで検索している」のではなく、「思い詰めた表情だったので、自殺の可能性を考え不安になりました」というものであり、かつ、「不安になった」のは教員Ａです。直接心理師が面談をしていない、かつクライエントから具体的な自殺（企図）の発言はないことから、医療機関への受診は時期尚早であると考えられます。①の「任せる」、③の「強く」が不適切のために②と④が残りますが、本文中に「Ｂは私とは話せるようで」という記載があることから、出題者の意図を汲み、④を選びます。

以上、いかがでしたでしょうか。これらの「点を取る技術」を用いても正答できない問題もあるでしょう。そのような時は、「問題が悪い」くらいの気持ちで割り切ることも大切です。満点を取る必要は全くありません。「6 割程度の正答で合格なのだから、4 割は間違えられる」という心の余裕も必要です。

読者の皆様の合格をお祈りしています！

CHAPTER

1 公認心理師としての職責の自覚

1 公認心理師法

公認心理師法とは

第1条　この法律は、公認心理師の資格を定めて、その業務の適正を図り、もって国民の心の健康の保持増進に寄与することを目的とする。

第2条　この法律において「公認心理師」とは、第28条の登録を受け、公認心理師の名称を用いて、保健医療、福祉、教育その他の分野において、心理学に関する専門的知識及び技術をもって、次に掲げる行為を行うことを業とする者をいう。

1　心理に関する支援を要する者の心理状態を観察し、その結果を分析すること。

2　心理に関する支援を要する者に対し、その心理に関する相談に応じ、助言、指導その他の援助を行うこと。

3　心理に関する支援を要する者の関係者に対し、その相談に応じ、助言、指導その他の援助を行うこと。

4　心の健康に関する知識の普及を図るための教育及び情報の提供を行うこと。

問題 1（2020年問40）

職場の心理専門職として管理監督者研修を行うこととなった。研修内容に盛り込む内容として、不適切なものを1つ選べ。

①　セルフケアの方法

②　労働者からの相談対応

③　代表的な精神疾患の診断法

④　職場環境などの評価及び改善の方法

⑤　健康情報を含む労働者の個人情報の保護

問題 2（2019 年問 1）

公認心理師の業務や資格について、正しいものを１つ選べ。

① 診断は公認心理師の業務に含まれる。

② 公認心理師資格は一定年数ごとに更新する必要がある。

③ 公認心理師の資質向上の責務について、罰則が規定されている。

④ 公認心理師が業務を行う対象は、心理に関する支援を要する人に限定されない。

⑤ 公認心理師以外でも、心理関連の専門資格を有していれば「心理師」という名称を用いることができる。

問題 3（2020 年問 117）

公認心理師が留意すべき職責や倫理について、不適切なものを１つ選べ。

① 心理的支援に関する知識及び技術の習得など資質向上に努めなければならない。

② 法律上の「秘密保持」と比べて、職業倫理上の「秘密保持」の方が広い概念である。

③ 心理的支援の内容・方法について、クライエントに十分に説明を行い、同意を得る。

④ 心理状態の観察・分析などの内容について、適切に記録し、必要に応じて関係者に説明ができる。

⑤ クライエントの見捨てられ不安を防ぐため、一度受理したケースは別の相談機関に紹介（リファー）しない。

解説＆テクニック

問題 1　正答③

①②④⑤○　適切である。

③×　「診断」は医師の業務である。

「心理職は診断することができない」ことを知っていたら、すぐに③を選択できます。

同様の問題が 2018 年に出ました（問 108、正答⑤診断）。

「心理に関する支援を要する者に対して、公認心理師が行う行為として公認心理師法に規定されていないものを 1 つ選べ。①観察②教育③指導④助言⑤診断」

問題 2　正答④

①×　診断は医師の業務である。

②×　これは 5 年の更新制である臨床心理士のことを指していると思われる。

③×　罰則は規定されていない。

④○　公認心理師法第 2 条 3「心理に関する支援を要する者の関係者に対し、その相談に応じ、助言、指導その他の援助を行うこと」とあり、心理に関する支援を要する人に限定されないといえる。

⑤×　臨床心理士の資格を保有していても「心理師」という名称を用いることはできない。

公認心理師の業務や資格についての知識がなくても常識的・具体的に判断すれば①は×とわかると思います。⑤は、公認心理師は「名称独占資格」であることを覚えておきましょう。②③④を仮に△と判断し、各選択肢を冷静に読み込んでみましょう。もし③が○なら、当然②のような更新制度を用い、資質向上するような仕組みにすると推察できます。そうすると②も③も○になり、「正しいものを 1 つ選べ」との整合性がとれなくなります。④を読み込むと「心理に関する支援を要する人に限定されない」とあり、「心理に関する支援を要する人」プラスアルファであることがわかるので、②③を×にして④が正答と絞ることができます。

問題３　正答⑤

①②③④○　適切である。

⑤×　不適切である。

瞬時に正答を導きたい問題です。クライエントに最適な支援をするためにリファーが必要なケースもあることがわかっていたら⑤が正しいとすぐに正答を導き出せます。リファーの必要性やクライエントの最善の利益を考えた上での判断であること等を伝えたら、見捨てられ不安等は防ぐことができます。

キーワード解説

公認心理師の法的義務・罰則・行政上の処分（表内の条文は全て公認心理師法）

<table>
<tr><th></th><th>条文</th><th>刑法上の罰則</th><th colspan="2">行政上の処分</th></tr>
<tr><td>①信用失墜行為の禁止（第 40 条）</td><td>公認心理師は、公認心理師の信用を傷つけるような行為をしてはならない。</td><td>無</td><td>有</td><td rowspan="2">第 32 条　文部科学大臣及び厚生労働大臣は、公認心理師が次の各号のいずれかに該当する場合には、その登録を取り消さなければならない。（中略）2　文部科学大臣及び厚生労働大臣は、公認心理師が第 40 条、第 41 条又は第 42 条第 2 項の規定に違反したときは、その登録を取り消し、又は期間を定めて公認心理師の名称及びその名称中における心理師という文字の使用の停止を命ずることができる。</td></tr>
<tr><td>②秘密保持義務（第 41 条）</td><td>公認心理師は、正当な理由がなく、その業務に関して知り得た人の秘密を漏らしてはならない。公認心理師でなくなった後においても、同様とする。</td><td>有
第 46 条　第 41 条の規定に違反した者は、1 年以下の懲役又は 30 万円以下の罰金に処する。
2　前項の罪は、告訴がなければ公訴を提起することができない。
＊懲役＝身体拘束するほど重い罪と国が考えていることが読み取れる。</td><td>有</td></tr>
</table>

③連携等（第42条）	公認心理師は、その業務を行うに当たっては、その担当する者に対し、保健医療、福祉、教育等が密接な連携の下で総合的かつ適切に提供されるよう、これらを提供する者その他の関係者等との連携を保たなければならない。	無	無	＊「関係者との連携義務を規定することは難しい」と国が判断したことが読み取れる。
	2　公認心理師は、その業務を行うに当たって心理に関する支援を要する者に当該支援に係る主治の医師があるときは、その指示を受けなければならない。	無	有	第32条
④資質向上の責務（第43条）	公認心理師は、国民の心の健康を取り巻く環境の変化による業務の内容の変化に適応するため、第2条各号に掲げる行為に関する知識及び技能の向上に努めなければならない。	無	無	
⑤名称の使用制限（第44条）	公認心理師でない者は、公認心理師という名称を使用してはならない。 2　前項に規定するもののほか、公認心理師でない者は、その名称中に心理師という文字を用いてはならない。	有 第49条　30万円以下の罰金 ＊罰金のみということは、身体拘束するまでではないという国の考え。	無	

ポイントとして、①刑法上の罰則は、「秘密保持義務」と「名称の使用制限」の2つにあること、②行政上の処分は基本的にあるが、免除されているものとして「連携義務違反」「資質向上の責務違反」「名称の使用制限違反」の3つがあることを押さえておきましょう。

2 秘密保持義務

秘密保持義務とは

公認心理師法第41条に「公認心理師は、正当な理由がなく、その業務に関して知り得た人の秘密を漏らしてはならない。公認心理師でなくなった後においても、同様とする。」そして第46条に「第41条の規定に違反した者は、1年以下の懲役又は30万円以下の罰金に処する。2　前項の罪は、告訴がなければ公訴を提起することができない。」と定められており、公認心理師法上において最も重い刑罰が科されている。このことから、国が公認心理師の秘密保持義務を重要視していることが読み取れる。なお、「告訴がなければ公訴を提起することができない。」という文言は「親告罪」のことを意味する。親告罪とは、告訴がなければ起訴することができない犯罪のことである。つまり、公認心理師がクライエントの秘密を漏らした際に、クライエントからの告訴がないと起訴できないということである。クライエントが自分の不利益になると判断した場合、例えば警察で自分が受けた被害を事細かに話すことが辛いというような場合（例えば痴漢の被害等）は、告訴しないという選択もできるということである。

問題 1（2018年問30）

公認心理師法に定める内容について、誤っているものを１つ選べ。

①　公認心理師は名称独占の資格である。
②　秘密保持義務に違反した者は禁錮刑の対象となる。
③　公認心理師は、公認心理師の信用を傷つけるような行為をしてはならない。
④　クライエントについての秘密を他者に伝えるには、正当な理由が必要である。
⑤　秘密保持義務に違反した者は、公認心理師の登録を取り消されることがある。

問題 2（2019年問126）

クライエントに関する情報提供が秘密保持義務よりも優先される状況について、適切なものを２つ選べ。

①　クライエントが虐待されていることが疑われる場合
②　クライエントに直接関係ない専門家の研修会で事例として取り上げる場合
③　成人のクライエントについて、一親等の家族から情報開示の請求がある場合
④　クライエントとの面接で、誹謗中傷される相手が特定できる可能性がある場合
⑤　クライエントが自分自身の精神状態や心理的な問題に関連して訴訟を起こし、その裁判所から要請がある場合

解説＆テクニック

問題１　正答②

①③④⑤○　その通りである。

②×　禁錮刑ではなく懲役である。

この問題は、詳しい知識がなくても消去法で正答できます。③④⑤は公認心理師として当然のことを述べています。①で迷うかもしれませんが、心理の仕事は公認心理師だけでなく臨床心理士もできる等、医師や弁護士の「業務独占」資格と異なるので①が正しく、②が誤りであると導き出せます。

問題２　正答①⑤

①⑤○　正しい。

②×　研修会は公認心理師の個人的な事情である。

③×　親族であっても本人の許可が必要である。

④×　「誹謗中傷」が「明確で差し迫った生命の危険」があるとまではいえない。

⑤が例外状況に該当することを知らなかったとしても、文章を冷静に読めば×の付ける場所がないことがわかるでしょう。

点に差がつくミニ知識

例えば、「児童虐待の防止等に関する法律（児童虐待防止法）」に「第６条　児童虐待を受けたと思われる児童を発見した者は、速やかに、これを市町村、都道府県の設置する福祉事務所若しくは児童相談所又は児童委員を介して市町村、都道府県の設置する福祉事務所若しくは児童相談所に通告しなければならない。」と定められています。さらに、第６条第３項に「刑法の秘密漏示罪の規定その他の守秘義務に関する法律の規定は、第１項の規定による通告をする義務の遵守を妨げるものと解釈してはならない。」と、秘密保持義務よりも通告義務の方が強いことを明記しています。このように通告等が必要な案件については、法律で秘密保持義務よりも通告義務の方が強いことを明記している場合がほとんどです。

3 信用失墜行為の禁止

信用失墜行為の禁止とは

公認心理師法第 40 条、信用失墜行為の禁止では「公認心理師は、公認心理師の信用を傷つけるような行為をしてはならない。」と定めている。しかし、何をもって「信用を傷つけるような行為」に該当するか等は明記していない。

問題 1 (オリジナル)

信用失墜行為の禁止について誤っているものを 1 つ選べ。

① 公認心理師法第 40 条の信用失墜行為の禁止には、違法行為が含まれる。

② 公認心理師法第 40 条の信用失墜行為の禁止には、例えば、窃盗・万引きなどの行為が当てはまる。

③ 公認心理師法第 40 条の信用失墜行為の禁止には、社会的な信用を失う行為が含まれる。

④ 公認心理師法第 40 条の信用失墜行為の禁止には、公認心理師としての業務内のことのみ含まれる。

問題 2 (オリジナル)

公認心理師法第 40 条の信用失墜行為の禁止について正しいものを 1 つ選べ。

① 公認心理師法第 40 条の信用失墜行為の禁止は、公認心理師としての勤務時間中に限られ、帰宅途中に行った痴漢行為等の職務外の行為は含まれない。

② わいせつな行為をおこなったものは、公認心理師法第 40 条の信用失墜行為の禁止に違反し、懲役刑を処されることがある。

③ 公認心理師法第 40 条の信用失墜行為の禁止に違反した場合は、期間を定めて公認心理師の名称の使用を停止されることがある。

④ 公認心理師法第 40 条の信用失墜行為の禁止に違反した場合は、期間を定めずに公認心理師の名称の使用を停止されることがある。

⑤ 公認心理師法第 40 条の信用失墜行為の禁止に違反した場合は、罰則規定がある。

解説＆テクニック

問題 1　正答④

①②③○　その通りである。

④×　業務外のことも含まれる。

④のように「のみ」という限定的な表現がある時は注意しましょう。例えば、教員等が休日に店で飲酒し、その後店で暴行等を行ったことも、公務員としての信用失墜行為に当てはまるように、プライベートな行動も該当します。

問題 2　正答③

①×　職務外の行為も信用失墜行為の禁止に含まれる。

②×　信用失墜行為について行政上の処分はあるが、罰則はない。

③○　公認心理師法第 32 条の条文のとおりである。

④×　期間を定めなければ登録の取り消しの差があいまいになる。

⑤×　信用失墜行為について行政上の処分はあるが、罰則はない。

このような問題は知識があれば確実に点が取れるので、必要最低限のことを覚えておきましょう。①は痴漢行為をした公認心理師にクライエントが安心して相談できるか等を考えたら、不適切であるとわかります。③④は、期間の定めの有無を判断できたらよいでしょう。期間の定めがなければ生涯公認心理師として活動できないので、「登録を取り消す」等の文言の方が適切であることが推測できます。②と⑤は信用失墜行為の罰則の有無についてです。

点に差がつくミニ知識

刑法上の罰則（刑罰）と行政上の処分の違いについて、ここで整理しておきましょう。刑罰とは、刑法第 9 条で「死刑、懲役、禁錮、罰金、拘留及び科料を主刑とし、没収を付加刑とする」と定義しています。つまり、公認心理師法第 41 条の秘密保持義務に違反すると「1 年以下の懲役又は 30 万円以下の罰金に処する」と明記されている内容は、刑法に基づいた懲役や罰金なのです。一方、行政上の処分（不利益処分）とは、行政手続法において行政庁が法令に基づき、特定の者に義務を課し、もしくはその権利を制限する処分のことです。例えば、公務員法上では、職員に対する降給・降任・休職・免職・懲戒などを一般に不利益処分といいます。教員が信用失墜行為を犯した場合は、懲戒などの行政処分を受けることがあります。これと同様に、公認心理師も信用失墜行為を犯した場合は、刑罰は受けなくても、行政上の処分（登録の取り消し、期間を定めて公認心理師の名称使用停止等）を受けることがあります。

4 多重関係

多重関係とは

多重関係とは、公認心理師と要支援者という基本的な関係以外の関係を持つことである。例えば、公認心理師と要支援者が恋愛関係になる等がイメージしやすいであろう。これは、公認心理師法第40条の「信用を傷つけるような行為」に該当する。

問題1（オリジナル）

多重関係の弊害として誤っているものを1つ選べ。

① 中立性や客観性が侵される。
② 公認心理師と要支援者の恋愛関係は多重関係に含まれるが、誠実に対応していればそれほど問題にはならない。
③ 物々交換も多重関係に含まれる。
④ 多重関係では個人的な意見が関係することがある。
⑤ 以前からの知り合いが要支援者になった場合、公認心理師には過去からのバイアスを要支援者に持つことがある。

問題2（オリジナル）

多重関係の例としてあげられるものを2つ選べ。

① 相談室におけるカウンセラーとクライエント
② 職場における上司と部下のカウンセリング
③ 上司の子どものカウンセリング
④ 学校におけるスクールカウンセラーと子ども

解説＆テクニック

問題１　正答②

①③④⑤○　その通りである。

②×　そもそも多重関係は重大な倫理違反である。

多重関係が重大な倫理違反であることを理解していれば正答を導き出せます。もし「誠実に対応していればそれほど問題にはならない」の箇所に混乱したら、仮に誠実に対応しなければ問題があるのかと逆のパターンを考え、対応の差ではなく、そもそも多重関係自体が禁忌とされていることに気づけることが重要です。

問題２　正答②③

①④×　多重関係ではない。

②③○　多重関係である。

多重関係が「公認心理師と要支援者という基本的な関係以外の関係を持つこと」という点を理解できていたら、すぐに正答を導き出せます。①④は公認心理師と要支援者という基本的な関係、②③は公認心理師と要支援者という基本的な関係に加え、②は上司と部下という上下関係があり、③も上司の子どもゆえに、そこにも上下関係があることが読み取れます。

点に差がつくミニ知識

多重関係の具体例を知っておくと、色々な問題に対応できます。例えば、

・職場での上司と部下

・学生時代の同級生

・利益誘導（チケットをとる等）

・商取引（株や投資信託等）

・物々交換

・性的関係

などがあります。

5 地域連携

地域連携とは

要支援者は１つの支援機関だけを利用しているわけではない。例えば子育て家庭であれば、小学校、病院、児童館など様々な機関を利用している。その家庭を公認心理師が支援するときに、それらの機関と連携する必要がある。要支援者を支援するためには、その地域にどのような支援機関があるのか、どのような専門職がいて、どのような役割を担っているのかを理解しておくことが必要である。

問題１（2018 年問 78）

公認心理師の地域連携の在り方として、最も適切なものを１つ選べ。

① 地域の同じ分野の同世代の者たちと積極的に連携する。

② 他の分野との連携には、自身の分野の専門性の向上が前提である。

③ 医師からは指示を受けるという関係であるため、連携は医師以外の者と行う。

④ 既存のソーシャルサポートネットワークには入らず、新たなネットワークで連携する。

⑤ 業務を通じた連携を基本とし、業務に関連する研究会や勉強会を通して複数の分野との連携を行う。

問題２（オリジナル）

地域連携について、最も適切なものを１つ選べ。

① 要心理支援者の支援に困難を抱えた場合のみ、公認心理師は地域において、関係機関の専門職等と連絡・連携を取り合うことが望ましい。

② 公認心理師は地域において、関係機関の専門職等と日常的に連絡・連携を取り合うことは禁忌である。

③ 公認心理師は地域において、関係機関の専門職等と日常的に連絡・連携を取り合うことは望ましいことである。

④ 生死等に関わる緊急の場合に限り、公認心理師は地域において、関係機関の専門職等と連絡・連携を取り合うことが認められている。

解説＆テクニック

問題 1　正答⑤

①×　同じ分野や同世代の支援職に限定したりすることは適切ではない。

②×　「連携」と「自己研鑽」という 2 つの視点が織り交ぜられた文章になっており混乱しやすい。しかし、「公認心理師の地域連携の在り方として、最も適切なもの」を問うているため、「自己研鑽」について述べられた本文は、問われた内容に見合ったものではないといえる。

③×　公認心理師法第 42 条に「公認心理師は、その業務を行うに当たっては、その担当する者に対し、保健医療、福祉、教育等が密接な連携の下で総合的かつ適切に提供されるよう、これらを提供する者その他の関係者等との連携を保たなければならない」と明記している。また同じ第 42 条第 2 項に「公認心理師は、その業務を行うに当たって心理に関する支援を要する者に当該支援に係る主治の医師があるときは、その指示を受けなければならない」と明記している。公認心理師は様々な分野の専門職と密接に連携を図らなければならないが、注意事項として、**その支援に係る主治医がいるときは、主治医の指示を受けなければならない**ということであり、このことが医師と連携しないという意味ではない。

④×　既存のソーシャルサポートネットワークだけでなく、新たなネットワークとも連携することが地域連携を行う上で求められる。

⑤○　後半の「業務に関連する研究会や勉強会を通して複数の分野との連携を行う」という箇所で判断に迷うことが予想される。しかし、「公認心理師の地域連携の在り方として、業務を通じた連携を基本」とするという前半箇所は適切である。標準的な地域連携では、例えば児童虐待の場合、他機関の専門職（医師やソーシャルワーカー等）と連絡を取り合う、連絡会（要保護児童対策地域協議会等）への出席等を行うことがあげられる。問題文の地域連携例は、日常的に横のつながりを作っておくためや、どのような連携先があるかを知っておくための自身の情報収集のため等のニュアンスが読み取れ、標準的なものとはやや異なるといえよう。しかし、基本として上述した業務を通じた連携があげられることは理解しておきたい。

消去法で①③④はすぐに×と判断できます。②と⑤で迷うかもしれませんが、②は２つの要素が重なった文章になっていることに気づけたら、⑤の後半の箇所で迷う可能性はありますが、前半部分が適切であるため、②よりは⑤の方が適切であろうと判断し、正答を導き出せます。

問題２　正答③

①②④×　公認心理師法第 42 条に記載された趣旨と異なる。

③○　その通りである。

地域連携・多職種連携・チーム医療・チーム学校などのイメージをもっていたら、すぐに③が正答と導き出せます。仮に迷ったとしても、「のみ」「限り」という限定された表現や「禁忌」などの強調された表現が「ひっかけ」のキーワードだと読み取りましょう。

MEMO

CHAPTER

2 問題解決能力と生涯学習

1 自己課題発見と解決能力

公認心理師法第43条は「公認心理師は、国民の心の健康を取り巻く環境の変化による業務の内容の変化に適応するため、第2条各号に掲げる行為に関する知識及び技能の向上に努めなければならない。」と資質向上の責務について明記している。この責務を達成するために、公認心理師は自分で課題を発見し、自己学習によりそれを解決する力を養わなければならない。そして、常に成長、発展していかなければならない。

問題 1（オリジナル）

心理職のコンピテンシーについて、正しいものを2つ選べ。

① コンピテンシーとは、組織行動学の用語である。

② コンピテンシーとは、OECDによると「単なる知識や技能だけではなく、技能や態度を含む様々な心理的・社会的なリソースを活用して、特定の文脈の中で複雑な要求（課題）に対応することができる力」と定義している。

③ コンピテンシーに基づくカリキュラムでは、どの科目を何時間学ぶべきかというカリキュラム構成が重視される。

④ コンピテンシーに基づくカリキュラムでは、与えられる内容および単位数が重視される。

⑤ コンピテンシーモデルでは二次元モデルが知られている。

問題 2（オリジナル）

心理職の成長過程において不適切なものを1つ選べ。

① 科学者―実践家モデル

② スーパービジョンを受ける

③ 教育分析を受ける

④ キャリアポートフォリオの作成

⑤ どのテーマの研修を何時間受けたか

解説＆テクニック

問題１　正答①②

①②○　その通りである。

③×　コンピテンシーに基づくカリキュラムでは、学習者がどのような技能や知識を身につけているかが重視される。

④×　コンピテンシーに基づくカリキュラムでは、何を身につけ、できるようになったかという学ぶ側から訓練を捉えることが重視される。

⑤×　基盤コンピテンシー、機能コンピテンシー、職業的発達という３次元が設定された立方体モデルが知られている。

まずは事前にコンピテンシーの基本的なイメージを理解しておきましょう。そうすれば、消去法で正答を導き出せる可能性が高くなります。この問題に関しては、近年学校現場でアクティブラーニングが強調されていること等を把握していれば、③④がそぐわないので消去できます。⑤は、その知識がなければ△にしておきます。①は、会社の人事関係でコンピテンシーという言葉が出てくることを知っていたら、○と△の間と判断できます。②は、③④と反対の考え方であるため○と判断できます。すると、②及び○と△の間と判断した①が残り、それらを正答にできます。

問題２　正答⑤

①②③④○　その通りである。

⑤×　どのテーマの研修を何時間受けたかというカリキュラム構成ではなく、学習者としてどのような技能・知識を身につけたかが重要である。

心理職の成長への基本的なイメージをもっておきましょう。キャリアポートフォリオ（自分のキャリア等を整理する記録・履歴書）という言葉は聞き慣れないかもしれませんが、「キャリア形成に関する記録」というイメージをもてたら○か△という判断をつけられます。①②③は基本事項ですので、すぐに○と分かるように覚えておきましょう（→キーワード解説）。⑤は主体性のない自己研鑽であることを読み取り、×と判断できます。よって、⑤が正答と導き出せます。

点に差がつくミニ知識

コンピテンシーの立方体モデル

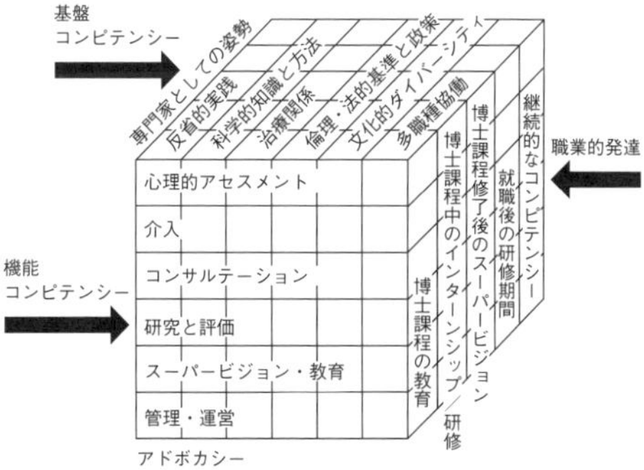

コンピテンシーの発達を図式化して表すコンピテンシー立方体モデルというものがあります。このモデルでは、臨床的コンピテンシーは3つの軸からできています。①基盤コンピテンシー（専門家としての姿勢、反省的実践、科学的知識と方法、治療関係、倫理・法的基準と政策、文化的ダイバーシティ、多職種協働）②機能コンピテンシー（心理的アセスメント、介入、コンサルテーション、研究と評価、スーパービジョン・教育、管理・運営、アドボカシー）、③職業的発達（博士課程の教育、博士課程中のインターンシップ／研修、博士課程修了後のスーパービジョン、就職後の研修期間、継続的なコンピテンシー）です。

キーワード解説

科学者—実践家モデル：科学者－実践家モデル（the Scientist –Practitioner Model）とは、臨床実践と科学的な視点に立つ研究の両面を重んじる臨床心理学の教育モデルのことです。公認心理師は科学者であるべきか、実践家であるべきか、という二者択一型の考え方ではなく、両方をバランスよく取り入れて、クライエントを支援することが大切であるということを示唆しています。

スーパービジョン：スーパービジョンは心理職が受ける個別指導・個別の教育システムで、自分の担当するケースへの理解や援助方針を立て、毎回のセッションでの具体的な働きかけを行うためのものです。スーパービジョンは心理職が受けるべき必須のもので、スーパーバイジー（経験の浅い臨床家）が、スーパーバイザー（経験豊富な臨床家）から技能のみならず情緒的なサポートを受けられることも重要です。

教育分析：教育分析とは、心理職自身の心理的課題等に焦点をあてて心理療法やカウンセリングが行われることを指します。教育分析は心理職として個人的にも職業的にも成長を促すものであると考えられています。スーパービジョンと教育分析を混同させる目的の問題が出る可能性があるため、その違いに注意しましょう。

2 生涯学習への準備

生涯学習

公認心理師は、最新の科学的知見や方法論を学び、生涯学習を行い続けなければならない。生涯学習とは、個人が継続的に知識を探究・追究することを意味する。つまり、生涯学習には継続学習が必要である。また継続学習は継続訓練から起こるとされており、それは①フォーマルな継続学習②インフォーマルな継続学習③偶発的学習④ノンフォーマル学習の4つに分けられる。

問題 1（オリジナル）

Taylor & Neimeyer の継続訓練の4つのプロセスの具体例として不適切なものを1つ選べ。

① 職場の事例検討会への参加。
② 正規の研修として位置づけられたものに受講生として参加。
③ 専門書を読む。
④ 専門と異なる他領域の研修への参加。

問題 2（オリジナル）

Taylor & Neimeyer の継続訓練の4つのプロセスとして不適切なものを1つ選べ。

① ノンフォーマル学習
② インフォーマルな継続学習
③ フォーマルな継続学習
④ 事前学習

問題 3 (2018 年問 46)

公認心理師であるスーパーバイザーが、クライエントとの間に行き詰まりを経験しているスーパーバイジーに対応するにあたって、不適切なものを 1 つ選べ。

① 1 回のみの指導はスーパービジョンに該当しない。

② スーパーバイジーが抱える個人的な問題に対して心理療法を用いて援助を行う。

③ 心理療法のセッションをリアルタイムで観察しながら介入を指示する方法をライブ・スーパービジョンと呼ぶ。

④ スーパーバイザーとの間においてもクライエントに対するものと同様の行き詰まりが見られることを並行プロセスと呼ぶ。

問題 4 (2018 年追問 3)*

公認心理師に求められるスーパービジョンについて、最も適切なものを 1 つ選べ。

① スーパーバイザーはスーパーバイジーを評価しない。

② スーパービジョンを受ける際クライエントの許可は必要ない。

③ スーパービジョンはスーパーバイジーの発達段階に合わせて行われる。

④ スーパーバイザーはスーパーバイジーへの心理療法を行う責任を有する。

⑤ スーパーバイザーは気づいたことをすべてスーパーバイジーに伝えることが基本である。

* (2018 年追問 3) は「第 1 回公認心理師試験 (追加試験、2018 年 12 月 16 日実施) 問 3」を表しています。

解説＆テクニック

問題１　正答④

①○　ノンフォーマル学習である。

②○　フォーマルな継続学習である。

③○　インフォーマルな継続学習である。

④×　継続訓練の４つのプロセスの具体例には当てはまらない。

自分が普段から参加している研修や自己研鑽を振り返ってみましょう。④については、例えば公認心理師が建築士の研修に参加するようなことをイメージできたら不適切であると判断できます。

問題２　正答④

①②③○　正しい。

④×　正しくは、偶発的学習である。

Taylor & Neimeyer の継続訓練の４つのプロセスを知らなくても、継続訓練という言葉のイメージから、④の事前学習という言葉が合わないことを判断できるようにしましょう。このような紛らわしい言葉に注意しましょう。

問題３　正答②

①○　スーパービジョンは継続的であることが望ましい。

②×　「スーパーバイジーとスーパーバイザー」という関係は「クライエントとセラピスト」という関係ではないので、心理療法を用いて援助を行うことは不適切である。

③○　そのようなやり方もありうる。

④○　スーパーバイザーの心構えとして重要な知見である。

設問の内容と選択肢の内容が少々乖離しており、判断しにくいかもしれません。まずは「(1) スーパービジョンの基本的な考え方」と「(2) この状況でのスーパーバイザーの対応の在り方」の２点が問われていることを読み取る必要があります。①③④は (1) について問われており、②は (2)

について問われています。③④は「スーパービジョンの基本的な考え方」として概ね適切であると判断できます。①については、単発でもスーパービジョンに該当するという考え方もありますが、理想的には継続的な方が望ましいといえます。ここの解釈で迷いが生じた学習者も多いと思います。②は「この状況でのスーパーバイザーの対応のあり方」として不適切であると判断できます。

問題4　正答③

①×　スーパービジョンは教育訓練の１つであり、そこには適切な評価が必要である。

②×　公認心理師の秘密保持義務（公認心理師法第41条）を鑑みると、スーパービジョンを受ける際クライエントの許可は必要ないとは言い切れない。

③○　その通りである。初学者・中級者・上級者などのレベルに合わせる。

④×　スーパービジョンは教育訓練の１つであり、そこにはスーパーバイザーがスーパーバイジーへの心理療法を行う責任は有しない。

⑤×　スーパーバイジーが受け入れやすい内容や量を加味して伝え、成長を見守ったり促したりする。

この問題は「スーパービジョンの基本的な考え方」と「公認心理師法の理解」の２点が問われていることを読み取る必要があります。①は迷って△にした学習者もいると思います。②は「そうとは言い切れないであろう」と判断し×を付けられます。③は常識的に考えて○と判断できます。④はスーパービジョンの基本的なイメージがあれば×と判断でき、⑤は「初任者の時にスーパーバイザーにそのようにされたらすべて消化できないだろう」ということがイメージできたら×と判断ができます。そうなると、①△③○が残り、△と判断した①よりも○と判断した③を正答であろうと導くことができます。

点に差がつくミニ知識

Taylor & Neimeyer の継続訓練の 4 つのプロセス

①フォーマルな継続学習：正規の研修として位置づけられたものに、専門職は受講生として参加。その学習効果は満足度やテスト等の形によって評価される。例えば、「公認心理師会夏季集中研修」などが想定される。

②インフォーマルな継続学習：専門誌・専門書を読む。単位なども計算されない。例えば、認知行動療法の専門書を読む等。

③偶発的学習：偶発的学習とは意図せずに得られた学習のことで、公認心理師の業務を行うことが結果的に学習となっている場合を指す。例えば、大学で臨床心理学を教える、学会のワークショップの講師を務める等。

④ノンフォーマル学習：職場の事例検討会に出席する等、正規の単位や評価が与えられないもの。他には、大学の講演会やシンポジウムへの参加等がある。

MEMO

CHAPTER

3 多職種連携

1 多職種連携とは

昨今、保健医療、福祉、教育との連携や要支援者の家族との連携が重要視されている。公認心理師法第42条においても「公認心理師は、その業務を行うに当たっては、その担当する者に対し、保健医療、福祉、教育等が密接な連携の下で総合的かつ適切に提供されるよう、これらを提供する者その他の関係者等との連携を保たなければならない。」と定められている。多職種連携の意義は、様々な支援を多角的・多面的に行うことができるので、ひとりの専門職が行うことよりも一層の効果が期待できることにある。

問題 1 (2018年追問141)

84歳の女性A、夫と二人暮らしである。Aは2年前に大腿骨を骨折し手術を受けたが、リハビリを拒否したまま退院した。現在は歩行が困難で、食事は不規則であり、入浴もあまりしていない。Aは易怒的であり夫に暴言を浴びせる。遠方に住む長女から地域包括支援センターに相談があったため、センター職員が数回訪問し、認知症を疑った。

このときの認知症初期集中支援チームによる支援として、最も適切なものを1つ選べ。

① 整形外科の医師がチームに加わる。
② 初回訪問はチーム員の介護福祉士2名で行う。
③ 出来るだけ早くAを精神科病院に入院させる。
④ 初回訪問から介護保険サービスの利用を開始する。
⑤ 初回訪問で、専門の医療機関への受診に向けた動機づけをAと夫に行う。

問題２（2018 年問 47）

公認心理師が他の職種と連携して業務を行う際の秘密保持に関する留意点として、不適切なものを１つ選べ。

① 教育分野では、相談内容を担任教師に報告する場合、クライエントである児童生徒の同意が必要である。

② 医療分野では、全職種が守秘義務を有しているため、クライエントの秘密の扱いについて本人に同意を得る必要はない。

③ 産業分野では、うつに悩むクライエントから許可を得れば、クライエントの上司に対して業務量の調整を提案してよい。

④ 犯罪被害者のカウンセリングで得られた犯人に関する情報の提供を求められても、正当な理由がなく警察官に伝えてはならない。

問題３（2020 年問 35）

専門職連携を行う際の実践能力として、不適切なものを１つ選べ。

① 自分の職種の思考、行為、感情及び価値観について省みることができる。

② 他の職種の思考、行為、感情及び価値観について理解することができる。

③ 他の職種との関係の構築、維持及び成長を支援及び調整することができる。

④ 他の職種の役割を理解し、自分の職種としての役割を全うすることができる。

⑤ 患者の意向よりも、他の職種との間での共通の目標を最優先にして設定することができる。

解説＆テクニック

問題１　正答⑤

①×　この内容は認知症初期集中支援チームによる支援にはそぐわない。

②×　チーム員は専門医および医療と介護の専門職（保健師、看護師、作業療法士、社会福祉士、介護福祉士）で構成されるため、介護福祉士２名では不適切である。

③×　本人・家族が納得していないのに、精神科病院に入院させることは不適切である。

④×　このケースに必要な支援は、介護保険サービスよりも医療につなげることである。

⑤○　本人・家族が納得して医療につなげられるようなサポートは必要である。

認知症初期集中支援チームについての知識を問う選択肢もありますが、そのような知識がなくても、このケースの状況をよく把握し、何が最も大切な支援かを考えた時に、本人・家族が納得して医療につながるようなサポートであることは明白なので、それに見合う選択肢を探しましょう。

問題２　正答②

①○　集団守秘義務という考え方もあるが、法に基づいた対応・支援を行うことが求められる公認心理師としては、より厳密に秘密保持について考えておく必要があるであろう。ゆえに、面接内容を教職員等に報告する場合、児童生徒にもその同意を得ることは重要である。

②×　医療分野で働く職種は守秘義務を有していることが多い。しかし、だからといって「クライエントに秘密の扱いについて同意を得る必要がない」という解釈は成り立たない。

③○　「クライエントから許可を得」て、クライエントと上司の間に入って業務量の調整について提案していることは適切な対応である。

④○　秘密保持義務の例外状況は生命が差し迫った場合（タラソフ判決等）や法的な定めがある場合等を除いては、例外状況にはならない。それゆえ、そのような状況でないのであれば、「犯罪被害者のカウンセリングで得られた犯人に関する情報の提供を求められても、正当な理由がなく警察官に伝えては

ならない」といえる。

多職種との連携の際、「クライエントの同意をとっているか」、「同意をとっていない場合は秘密保持義務の例外状況になるか」という2点で選択肢を見比べた時に、「本人に同意を得る必要はない」と言い切っている②が不適切で違和感を覚える記述であるため、②が正答と判断できます。

問題3　正答⑤

①②③④○　適切である。

⑤×　「患者の意向＜他の職種との間での共通の目標」という考え方が誤り。

「患者の意向＜他の職種との間での共通の目標」という考え方が誤りであることを身につけていたら瞬時に⑤だとわかります。また「最優先」という言葉も引っかけのキーワードになりそうだという推察も付けられるとよいでしょう（→「点を取る技術」①-3)。このように、1つの単語や考え方の構造から×を探す視点をもてるようになるとよいでしょう。

点に差がつくミニ知識

「医師の指示を受ける」こと

公認心理師法第42条2項に「公認心理師は、その業務を行うに当たって心理に関する支援を要する者に当該支援に係る主治の医師があるときは、その指示を受けなければならない。」と定められています。公認心理師が要支援者との相談活動の中で、その相談内容に関わる主治医がいることが分かったときは、主治医の指示を受けなければなりません。しかしその際に、公認心理師が主治医と連携をとり指示を受けることの同意を、要支援者から得なければならないことが前提となります。

2 家族との連携

家族との連携とは

要支援者と支援者は、支援が始まる時や支援が必要な時に出会うことが多い。一方、要支援者の家族は支援者以上に要支援者と長い付き合いがあり、要支援者のことをよく把握している。好きなこと、嫌いなこと、得意なこと、苦手なこと、普段の様子、性格等様々なことを知っている。その家族と連携することは、支援において非常に重要なことである。「支援者と要支援者の家族」から「支援者も家族もチーム」と認識を変えて連携することで一層の効果が期待できるといえる。

問題 1（オリジナル）

家族と連携することの具体例について、適切なものを2つ選べ。

① 支援方針を公認心理師からいくつか伝え、どの方法が良さそうか意見をきく。

② 支援内容について、定期的に家族と話し合い、振り返りを行う。

③ 支援内容で必要な物品を購入してもらう。

④ 支援方針が決定したので、報告を家族に行う。

問題 2（オリジナル）

6歳の保育園児。男子。正常発達ではあるが、ややゆっくりしている。運動発達は学年以上の力をもっているが、発音の苦手さを抱える。「サカナ」が「タカナ」、「いっしょに」が「いっちょに」となる。母親は発音のサポートの仕方を自主的に学び、ゆっくりはっきり伝えるように工夫したり、言い間違いを指摘しないようにしたりしていたが、本児の発音が修正されることはなく、就学前に、母親が療育機関に相談をする。そこで、ST（言語聴覚士）の支援を受けることになった。STが行う家族との連携として不適切なものを1つ選べ。

① 1回の訓練が45分であるが、できる限り本児の訓練を行うために、母親には送迎のみ依頼する。

② 療育機関での訓練をするときに、療育内容をいくつか母親に提案し、本児にとってどれが楽しめそうか意見を聞く。

③ 宿題の内容が本児には難しいと感じた母親が、相談日に「こういう宿題にア

レンジするのはどうか？」と ST に相談し、本児が楽しめかつ訓練として適切な宿題内容を一緒に検討する。

④　家族で楽しめる言葉遊びをいくつか ST が提案し、母親が、本児に加え他のきょうだいも楽しめる遊びを選んだ。その結果、家族で言葉遊びを楽しみ、母親不在でもきょうだい同士でその言葉遊びをするようになった。

解説＆テクニック

問題 1　正答①②

①②○　家族と支援者が双方向的に関わり、協力して目的を達成しようと共に参画している。

③④×　家族との連携とはいえない。

連携とは「互いに連絡をとり協力して物事を行う」ことですが、そのイメージをしっかり持っておきましょう。③④は一方的な協力のお願いや報告であるため「連携」とはいえません。

問題 2　正答①

①×　このような支援も実際に行われている可能性もあるが、家族との連携としては、毎回数分でも母親にフィードバックするとともに家庭での様子を教えてもらい、双方向的なやりとりを行う方が望ましい。

②③○　家族と支援者が双方向的に関わり、協力して目的を達成しようと共に参画している。

④○　家族と支援者が双方向的に関わり、その結果母親以外の家族とも連携している。

支援者と家族が「互い」に「協力」していない選択肢を探すと、①であることがわかります。

点に差がつくミニ知識

支援会議

相談機関では、「支援会議」「ケース会議」と呼ばれるような、その組織内での会議や組織を超えた多職種を交えた支援会議があります。そこに、本人やその家族が参加することもあります。例えば、発達障害がある子どもが、高校を卒業し就労支援を受ける時に、自治体の福祉センター相談員、教育相談員、高校の担任に加え、本人や母親が参加します。本人は自分の意見は言わなくても会議での話し合いを聞いていたり、時には「自分はこうしたい」と意見を述べたりすることもあります。

3 チーム医療

厚生労働省の「チーム医療の推進について」によると、チーム医療とは「医療に従事する多種多様な医療スタッフが、各々の高い専門性を前提に、目的と情報を共有し、業務を分担しつつも互いに連携・補完し合い、患者の状況に的確に対応した医療を提供すること」としている。また、「患者・家族とともにより質の高い医療を実現するためには、1人1人の医療スタッフの専門性を高め、その専門性に委ねつつも、これをチーム医療を通して再統合していく、といった発想の転換が必要である」と、従来の医療のあり方からの脱却の必要性、及び患者本人・家族もチーム医療の一員であるという認識が読み取れる。「チーム医療がもたらす具体的な効果としては、①疾病の早期発見・回復促進・重症化予防など医療・生活の質の向上、②医療の効率性の向上による医療従事者の負担の軽減、③医療の標準化・組織化を通じた医療安全の向上」等がある。

問題 1（2018 年追問 49）

チーム医療において公認心理師が行う内容として、適切なものを2つ選べ。

① BDI による評価
② COGNISTAT の実施
③ バーセルインデックスの評価
④ 入院患者のせん妄のリスク評価
⑤ グラスゴーコーマスケール〈GCS〉の判定

問題 2（2020 年問 78）

公認心理師が、成人のクライエントの心理に関する情報を医療チームに提供する場合に事前に必要なものとして、正しいものを1つ選べ。

① 成年後見人の同意
② クライエント本人の同意
③ 医療チームが作成した手順書
④ ストレングス・アセスメント
⑤ シェアード・ディシジョン・メイキング

解説＆テクニック

問題 1　正答①②

①○　BDI は、Beck Depression Inventory（ベックうつ病調査表）のこと。心理職が実施するものとして望ましいといえる。

②○　COGNISTAT とは、コグニスタット認知機能検査のこと。見当識、注意、語り、理解、復唱、呼称、構成、記憶、計算、類似、判断の 11 の下位検査で構成されている。MMSE、長谷川式認知症スケール等の認知検査を心理職が行っていることを踏まえると、この検査も心理職が実施するものとして望ましいといえる。

③×　バーセル・インデックス（BI：Bathel Index）とは、代表的な ADL（日常生活動作）の評価法のこと。ADL の評価にあたり、食事、車椅子からベッドへの移動、整容、トイレ動作、入浴、歩行、階段昇降、着替え、排便コントロール、排尿コントロールの計 10 項目を 5 点刻みで点数化し、その合計点を 100 点満点として評価する。ADL の評価法であるため、心理職よりも、チーム内の他の専門職が評価する方が望ましいといえる。

④×　入院時の患者のせん妄リスク評価は、心理職よりも、医師や看護師等チーム内の他の専門職が評価する方が望ましいといえる。

⑤×　グラスゴー・コーマ・スケール（GCS）とは、意識障害と意識レベルを評価する評価法の一つである。開眼、言語反応、運動反応の 3 つについて点数化をして表したもので、点数が低いものほど意識障害が重いことを示す。意識障害と意識レベルの判定は、心理職よりも医師等チーム内の他の専門職が判定する方が望ましいといえる。

心理職が実施しない検査名等も多く、戸惑いを覚えた学習者も多いと思います。①は基本事項として覚えておきましょう。④はせん妄のリスク評価は心理職が行うものではないと判断し×にします。⑤の名前を知らなくても、「判定」を心理職がするべきかどうかと考えたら×と判断できます。残るは②③ですが、名前を知らない場合は、心理職が行う内容として「実施」と「評価」のどちらが望ましいかと考えたら「実施」と判断でき、②を残すことができます。知らない名前が出てきた場合は、それ以外の文言からイメージを膨らませて判断するとよいでしょう。

問題２　正答②

①③④×　不適切である。

②○　適切である。

⑤×　シェアード・ディシジョン・メイキング（Shared decision making）は、医療者と患者がエビデンス（科学的な根拠）を共有して一緒に治療方針を決定する「共有意思決定」のことである。

情報提供にあたり「クライエント本人の同意」を最大限に尊重するという基本を分かっていたらすぐに正答②を導けます。優先順位を考えれば①も重要でしょうが、②が１番であることを知っていれば①を消去できます。

4 支援に関わる専門職と組織

公認心理師は、保健医療・福祉・介護・教育・司法・産業などの分野で多職種と連携して支援を行う。したがって、連携する多職種の専門性を理解しなければならない。さらには、学校・病院・福祉施設等、連携する組織や機関の役割等を理解しておくことも必要である。要支援者の支援を考えた時に、どのような時期にどのような組織・専門職との連携が必要であり、どのように目的やアプローチなどを含めた情報を共有し、役割分担をするか等を検討することが求められる。

問題 1（2019 年問 2）

統合失調症のデイケア利用者Ａについてのケア会議で、スタッフＢが「Ａさんは気難しく、人の話を聞いていないので関わりが難しい」と発言した。Ａには幻聴がある。

会議の中で、Ｂの発言に対する公認心理師の対応として、最も適切なものを１つ選べ。

① スタッフの交代を提案する。
② 専門職に困難はつきものであると諭す。
③ 幻聴についてどの程度の知識があるかを質問する。
④ どのような場面で関わりが困難と感じるかを質問する。
⑤ 関わりを拒否するような態度は正しくないことを指摘する。

問題 2（2020 年問 63）

45 歳の男性Ａ、市役所職員。Ａは上司の勧めで健康管理室を訪れ、公認心理師Ｂが対応した。Ａの住む地域は１か月前に地震により被災し、Ａの自宅も半壊した。Ａは自宅に居住しながら業務を続け、仮設住宅への入居手続の事務などを担当している。仮設住宅の設置が進まない中、勤務はしばしば深夜に及び、被災住民から怒りを向けられることも多い。Ａは「自分の態度が悪いから住民を怒らせてしまう。自分が我慢すればよい。こんなことで落ち込んでいられない」と語る。その後、Ａの上司からＢに、Ａは笑わなくなり、ぼんやりしていることが多いなど以前と様子が違うという連絡があった。

この時点のＢのＡへの対応として、最も適切なものを１つ選べ。

① Ａの上司にＡの担当業務を変更するように助言する。

② Aの所属部署職員を対象として、ロールプレイを用いた研修を企画する。

③ 災害時健康危機管理支援チーム〈DHEAT〉に情報を提供し、対応を依頼する。

④ Aに1週間程度の年次有給休暇を取得することを勧め、Aの同意を得て上司に情報を提供する。

⑤ Aに健康管理医〈産業医〉との面接を勧め、Aの同意を得て健康管理医〈産業医〉に情報を提供する。

点に差がつくミニ知識

カンファレンスの重要性：同じ組織内のカンファレンスの調整はしやすいですが、各関係機関が集うカンファレンスは、日程調整から場所の確保、移動時間を考慮した仕事の調整等、様々な困難が伴います。しかし、要支援者の支援を考えると、それぞれの機関・専門職が一堂に会して、それぞれのアセスメントや情報を共有することで、要支援者の状況や背景がより詳細に見えてきます。また、支援の方向や方針を検討する際に、自分ではできないアプローチを他機関が担ってくれることもあり、支援に相乗効果をもたらします。このようなカンファレンスは単発で終わらせず、定期的に行われることが望ましいといえます。

解説＆テクニック

問題１　正答④

①×　スタッフＢへの提案・助言として的外れなものである。

②×　「諭す」という言葉が公認心理師として適切ではない。

③×　知識レベルを問われたＢと公認心理師が良い関係を続けることができるか判断すれば×とわかる。

④○　正しい。

⑤×　「指摘する」という言葉が公認心理師として適切ではない。

具体的にイメージして、消去法で正答を導くとよいでしょう。この問題は、スタッフＢへの公認心理師としてのコンサルテーションのあり方が問われています。④は、公認心理師としてスタッフＢが抱えている困難を共有しようとしていることがわかり、働きかけとして適切であると判断できます。

問題２　正答⑤

①②④×　不適切である。

③×　DHEAT（Disaster Health Emergency Assistance Team）とは、保健・医療等の専門職・業務調整員５名程度で構成される災害時の応援派遣チームのことである。被災地自治体に溶け込みながら、本部体制組織の立ち上げなどの保健衛生行政（保健所）の「マネジメント支援」を中心に行う。

⑤○　適切である。

①②③は個人への対応ではないため×、④は１週間の休暇の取得で改善が見込めるような根拠はなく、かつ年次有給休暇を提案することにも専門性の観点から疑問が生じるため×と判断できます。残った⑤は、今のＡにとって産業医と面接することは今後の具体的な方向性を模索するには必要であり、Ａの同意のもと産業医に情報提供することで、産業医のスムーズな見立て・診断が行えるといえます。

5　自己責任と自分の限界

専門職として、自己責任と自分の限界について把握しておくことは重要である。公認心理師として要支援者に支援を行う際、自分自身の判断がもたらした結果に対して責任を負うのは当然のことである。それゆえ、カウンセリングの効果や限界等、専門的能力の限界を把握しておくことが必要である。要支援者のことだけでなく、自分自身の技能の現状および限界、さらには自分が所属する組織の力量・キャパシティーも含めて適切・的確に自己アセスメントしなければならない。自分や組織等についてメタ認知を行うことが求められる。

問題１（オリジナル）

リファーについて述べた記述の中で不適切なものを２つ選べ。

① リファーはできるだけ早い時期、可能な限り初回面接で行う必要がある。

② 信頼できる連携相手、リファー先を見つけておく必要はない。要支援者が自ら探すのが望ましい。

③ リファーの際には、的確なアセスメントが必要である。

④ 要支援者と一定期間面接を行ってからのリファーはあってはならない。

問題２（オリジナル）

公認心理師が開業している相談室に、職場不適応という主訴で29歳女性が相談に来た。職場になじめず、イライラして夜眠れない。その時は家にある食べ物を片っ端から食べている。太るのが嫌なので、その後口に指を突っ込み吐いていることが語られる。公認心理師としてはリファーする必要性を感じた。リファーに関する内容で不適切なものを１つ選べ。

① 医療機関につなげることを検討する。

② 要支援者にリファーする旨を伝え、承諾を得る。

③ リファーする際、適切な機関を１つ紹介する。

④ リファー先に情報提供書を準備したい旨を伝え、要支援者の承諾を得る。

解説＆テクニック

問題１　正答②④

①○　適切な内容である。

②×　信頼できる連携相手、リファー先を見つけておく必要がある。

③○　的確なアセスメントの結果、ここで受ける内容・状態であるか否かを判断し、後者の場合、リファーしなければならない。

④×　例えば、支援者自身が出産・育児休業で仕事に従事できない期間もあるため、「要支援者と一定期間面接を行ってからのリファー」をしなければならない場合もあるといえる。

要支援者の立場に立ってよく考えることが正答に導くためのポイントです。②の「要支援者が自ら探す」ことは要支援者への負担になるので×と判断できます。

問題２　正答③

①②④○　適切な内容である。

③×　リファーを行う場合、複数のリファー先を提示して、要支援者自身が自己決定できるように援助する必要がある。

要支援者の自己決定、そして要支援者に承諾を得るという視点を大事にすることが公認心理師に求められます。

点に差がつくミニ知識

リファー：referには、「紹介する」「任せる」といった意味があります。リファーとは、専門職が要支援者をより適切な専門職や専門機関に照会・紹介することを指します。例えば、公認心理師であるスクールカウンセラーが対応していた不登校の子どもが、最近眠れない、食欲がない、訳もなく涙が出てくる、死にたいと思う等の状況があり、精神疾患の疑いがもたれた場合は、すぐに精神科等にリファーし、医療につなげる必要があります。

MEMO

CHAPTER

4 障害者（児）の心理学

1 ICF（国際生活機能分類）

ICF とは

ICF（International Classification of Functioning, Disability and Health）は、人間の生活機能と障害の分類法として 2001 年世界保健機関（WHO）総会で採択された。これを用いることで、障害や疾病の状態についての共通理解を得ることができる。ICF の前身である ICIDH（国際障害分類、1980）は「疾病の帰結（結果）に関する分類」であったのに対し、ICF は「健康の構成要素に関する分類」であり、新しい健康観を提起している点が特徴である。

問題 1（2018 年問 126）

WHO（世界保健機関）による ICF（国際生活機能分類）の障害やその支援に関する基本的な考え方について、正しいものを 2 つ選べ。

① 生活機能と障害の状態は、健康状態、環境因子及び個人因子が相互に影響し合う。

② 生活機能の障害は、身体の機能不全によって能力低下が引き起こされる中で生じる。

③ 障害とは、心身機能、身体構造及び活動で構成される生活機能に支障がある状態である。

④ 障害とは、身体的、精神的又は知的機能のいずれかが一般の水準に達しない状態が継続することである。

⑤ 障害への心理的支援においては、診断名ではなく、生活の中での困難さに焦点を当てることが重要である。

問題２（オリジナル）

WHO（世界保健機関）によるICF（国際生活機能分類）の障害の定義に関する基本的な考え方について、適切でないものを２つ選べ。

① 構成要素の１つである「身体機能」には精神的（または心理的）機能が含まれる。

② 機能障害は恒久的なものに限られる。

③ 機能障害は、その病因やその発生経過にのみ依存する。

④ ある機能障害が原因となって、他の機能障害をもたらすことがある。

⑤ 環境因子は心身機能と相互に関連する。

解説＆テクニック

問題１　正答①⑤

①○　正しい。

②×　ICFでは「機能不全」「能力低下」「社会的不利」という否定的な印象を与える用語ではなく、「心身機能・身体構造」「活動」「参加」という中立的な言葉を用いている点が特徴である。

③×　生活機能はICFの中心概念であり、1心身機能・身体構造（Body Functions and Structure）、2活動（Activity）、3参加（Participation）の3つを包括した概念である。選択肢には「参加」が無いため誤り。

④×　ICFでは生活機能が何らかの理由で制限されている状況を障害としている。身体的、精神的又は知的機能のいずれかが一般の水準に達しない状態だけでなく「コミュニケーションが困難」な状況や、「学校に行けない」といった状況も、活動や参加に「障害」がある状況としてとらえられる。

⑤○　正しい。

ICIDH（国際障害分類・1980年）では、機能・形態障害→能力障害→社会的不利という流れを想定し、障害をマイナスと捉えてマイナス面を分類するという考え方が中心でした。それに対し、ICFは「生活機能」というプラス面から見るように視点を転換し、さらに環境因子等の観点が加わりました。マイナス面への注目からプラス面への注目へという流れを理解していれば、マイナスの要素を含む選択肢②④は不適切であることがわかります。③は「参加」というキーワードを覚えていなければ迷うと思うので△にします。①⑤に関しては、マイナス要素を含む表現がなく、かつICFの概念に適した内容であることを読み取れば○と判断がつけられ、①⑤を正答と判断できます。

点に差がつくミニ知識

ICIDHとICFの違いをイメージできることがポイントです。

	ICIDH	ICF
モデル	医学モデル （障害を多面的、構造的に理解する視点） 課題：環境的要素が含まれていないために個人の中で完結している・構成要素間の関連が十分でない	統合モデル（社会・生活モデル） （人間の生活機能の低下を環境も含めた広い視野でとらえる視点）
イメージ	マイナス的 用語：機能不全、能力低下、社会的不利	中立的 用語：心身機能・身体構造、活動、参加
新たな構成要素		「環境因子」と「個人因子」
矢印の方向	一方通行（疾病から始まり、機能不全、能力低下、社会的不利までの一方通行的な因果関係）	双方向（各構成要素が互いに影響し合って存在している）
変化の方向	マイナスとしての障害の現象だけを切りとって見てしまうICIDHモデル ⇒　人間の生活機能から見ていこうとする考え方（ICF）のモデルへの変化	

キーワード解説

ICIDHとICFの考え方の違いとは

ICIDHの障害モデル

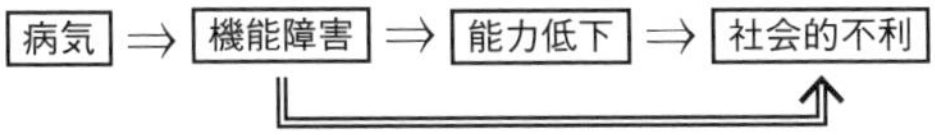

ICFの構成要素間の相互作用モデル

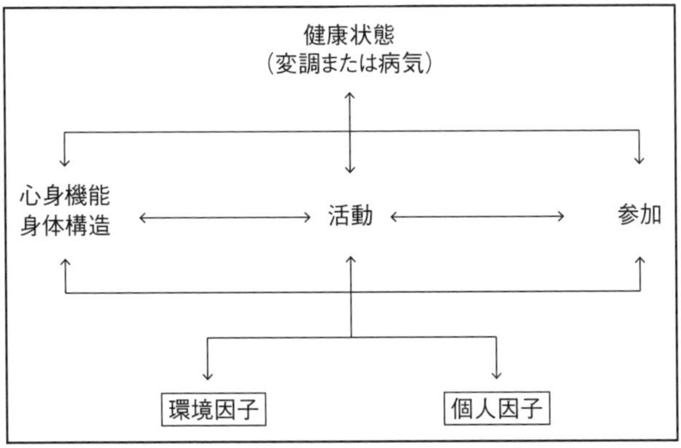

問題２　正答②③

①○　正しい。身体とは人体構造の全てを指し、脳とその機能である心も含まれる。したがって精神的（または心理的）機能も心身機能に含まれる。

②×　機能障害には「一時的なもの」「恒久的なもの」「進行するもの」「回復していくもの」「不変のもの」、さらに「断続的（間歇的）なもの」「連続的なもの」がありうる。

③×　機能障害は、その病因やその発生経過に依存するものではない。例えば、失明や手足の喪失は遺伝的異常によっても外傷によっても起こりうる。機能障害の存在は、必然的になんらかの原因を暗示するが、その原因だけでは、結果としての機能障害を説明するには十分でないこともありうる。

④○　正しい。例えば、筋力低下によって運動機能が障害されたり、心機能が肺機能の低下に関連したり、知覚障害が思考機能に関連したりすることなどが考えられる。

⑤○　正しい。例えば、空気の質と呼吸、光と視覚、音と聴覚、気を散らすような刺激と注意力、床面の性状とバランスの保持、外気温と体温調節といった相互作用がある。

ICFの細かな定義に関する知識がないと、正答を導き出すことが難しい問題です。しかし、②「限られる」③「のみ」といった限定的な表現に注目し、その内容について考えられれば、ここで述べられている内容がICFにおける基本的な考え方の姿勢と合致しないことがわかり、②③は×であると判断できます。

点に差がつくミニ知識

ICFの考え方を具体的なイメージで捉えられると、本番でも様々な問題に対応できます。「ICFについて」（文部科学省ホームページ）に仮想事例が紹介されているので、目を通しておきましょう。

キーワード解説

ICF の構成要素

健康状態：病気、身体の変調、けが、妊娠、高齢などの幅広い概念および ASD、AD/HD などの症状名を含む。

心身機能・身体構造：手足が曲がらない、感覚等をさす。

活動：行動のこと（実際に行っている行動、能力的にできそうな行動を含む）。

参加：社会的参加（地域社会への参加、学校への参加等）。

環境因子：物的環境（道の段差、階段、車いすの利用、交通機関）、人的環境（家族、友人、学校の教員、周囲の人々）、態度的環境（人々の社会的な態度による環境）等をさす。

個人因子：性別、年齢、価値観、ライフスタイル、興味関心などをさす。

2 発達障害

注意欠如多動症／注意欠如多動性障害（AD/HD）とは

AD/HD（Attention-Deficit/Hyperactivity Disorder）とは多動性（過活動）や衝動性、また不注意を症状の特徴とする神経発達症もしくは行動障害である。

問題 1（2018 年問 32）

注意欠如多動症／注意欠如多動性障害〈AD/HD〉の診断や行動特徴として、不適切なものを 1 つ選べ。

① 女性は男性よりも主に不注意の行動特徴を示す傾向がある。
② 診断には、複数の状況で症状が存在することが必要である。
③ 診断には、いくつかの症状が 12 歳になる以前から存在している必要がある。
④ 診断には、不注意、多動及び衝動性の 3 タイプの行動特徴を有することが必要である。
⑤ DSM-5 では、自閉スペクトラム症／自閉症スペクトラム障害〈ASD〉の診断に併記することができる。

問題 2（2020 年問 153）

14 歳の男子 A、中学 2 年生。A について担任教師 B がスクールカウンセラーである公認心理師 C に相談した。B によれば、A は小学校から自閉スペクトラム症／自閉症スペクトラム障害〈ASD〉の診断を受けているとの引継ぎがあり、通級指導も受けている。最近、授業中に A が同じ質問をしつこく何度も繰り返すことや、寝ている A を起こそうとしたクラスメイトに殴りかかることが数回あり、B はこのままでは A がいじめの標的になるのではないか、と危惧している。

C の対応として適切なものを 2 つ選べ。

① 保護者の了解を得て主治医と連携する。

② 周囲とのトラブルや孤立経験を通して、A に正しい行動を考えさせる。

③ A から不快な言動を受けた子どもに、発達障害の特徴を伝え、我慢するように指導する。

④ A の指導に関わる教師たちに、A の行動は障害特性によるものであることを説明し、理解を促す。

⑤ 衝動的で乱暴な行動は過去のいじめのフラッシュバックと考え、過去のことは忘れるように A に助言する。

解説＆テクニック

問題 1　正答④

①②③⑤○　正しい記述である。

④×　診断では、基準に示されている不注意症状が 6 つ以上（17 歳以上では 5 つ）あり、6 か月以上にわたって持続しているか、もしくは基準に示されている多動性／衝動性の症状が 6 つ以上（17 歳以上では 5 つ）あり、6 か月以上にわたって持続していることが必要である。3 タイプの行動特徴を有する必要はない。

点に差がつくミニ知識

DSM-5 と DSM- Ⅳ -TR の違い

AD/HD は、DSM- Ⅳ -TR では「注意欠陥および破壊的行動障害」とされていましたが、DSM-5 から「注意欠如多動症／注意欠如多動性障害」という名称になりました。違いについて出題される可能性があるので、特に「欠陥」から「欠如」へ言葉が変わったことを押さえておきましょう。

キーワード解説

注意欠如多動症／注意欠如多動性障害の診断基準とは

「注意欠如多動症／注意欠如多動性障害」の診断基準が分かっているかを求める問題であるため、診断基準については、年齢や数について押さえておきましょう。診断基準は以下参照（DSM-5 より）。

A1：以下の不注意症状が 6 つ（17 歳以上では 5 つ）以上あり、6 か月以上にわたって持続している。

a. 細やかな注意ができず、ケアレスミスをしやすい。
b. 注意を持続することが困難。
c. 上の空や注意散漫で、話をきちんと聞けないように見える。
d. 指示に従えず、宿題などの課題が果たせない。
e. 課題や活動を整理することができない。
f. 精神的努力の持続が必要な課題を嫌う。

g. 課題や活動に必要なものを忘れがちである。

h. 外部からの刺激で注意散漫となりやすい。

i. 日々の活動を忘れがちである。

A2：以下の多動性 / 衝動性の症状が 6 つ（17 歳以上では 5 つ）以上あり、6 か月以上にわたって持続している。

a. 着席中に、手足をもじもじしたり、そわそわした動きをする。

b. 着席が期待されている場面で離席する。

c. 不適切な状況で走り回ったりよじ登ったりする。

d. 静かに遊んだり余暇を過ごすことができない。

e. 衝動に駆られて突き動かされるような感じがして、じっとしていることができない。

f. しゃべりすぎる。

g. 質問が終わる前にうっかり答え始める。

h. 順番待ちが苦手である。

i. 他の人の邪魔をしたり、割り込んだりする。

B：不注意、多動性 / 衝動性の症状のいくつかは 12 歳までに存在していた。

C：不注意、多動性 / 衝動性の症状のいくつかは 2 つ以上の環境（家庭・学校・職場・社交場面など）で存在している。

D：症状が社会・学業・職業機能を損ねている明らかな証拠がある。

E：統合失調症や他の精神障害の経過で生じたのではなく、それらで説明することもできない。

問題 2　正答①④

消去法で正答を導きましょう。①は○に近い△とします。②は「孤立経験を通して」「A に正しい行動を考えさせる」が専門職の対応として×と判断します。③は他の子どもに「我慢するように指導する」が専門職の対応として×と判断します。④は○に近い△とします。⑤は「過去のことは忘れるように A に助言する」が専門職の対応として×と判断します。したがって、○に近いイメージを抱いた①④が正答と判断します。

点に差がつくミニ知識

ASDの基本症状

ASDを定義する症状は従来①「社会性の障害」②「コミュニケーションの障害」③「Repetitive/Restrieted Behavior（RRB）／興味の限局と常同的・反復的行動」の3点でしたが、DSM-5において①「社会的コミュニケーションの障害」と②「RRB」の2点にまとめられました。この変更を押さえておきましょう。

キーワード解説

自閉スペクトラム症／自閉症スペクトラム障害（ASD）

ASD（Autism Spectrum Disorder）は、DSM-5における神経発達症群に分類される診断名のひとつで、コミュニケーションや言語に関する症状があり、常同行動を示すといった様々な状態を連続体（スペクトラム）として包含する診断名です。DSM-5におけるASDの診断基準は以下参照。

以下のA〜Dを満たしていること。

A　社会的コミュニケーション及び相互関係における持続的障害（以下の3点で示される）。
　1　社会的・情緒的な相互関係の障害。
　2　他者との交流に用いられる非言語的コミュニケーション（ノンバーバル・コミュニケーション）の障害。
　3　年齢相応の対人関係性の発達や維持の障害。

B　限定された反復する様式の行動、興味、活動（以下の2点以上の特徴で示される）。
　1　常同的で反復的な運動動作や物体の使用、あるいは話し方。
　2　同一性へのこだわり、日常動作への融通の効かない執着、言語・非言語上の儀式的な行動パターン。
　3　集中度・焦点づけが異常に強くて限定的であり、固定された興味がある。
　4　感覚入力に対する敏感性あるいは鈍感性、あるいは感覚に関する環境に対する普通以上の関心。

C　症状は発達早期の段階で必ず出現するが、後になって明らかになるものもある。

D　症状は社会や職業その他の重要な機能に重大な障害を引き起こしている。

3 発達障害者支援法

発達障害者支援法とは

この法律は、発達障害者の心理機能の適正な発達及び円滑な社会生活の促進のために発達障害の症状の発現後できるだけ早期に発達支援を行うことが特に重要であることに鑑み、発達障害を早期に発見し、発達支援を行うことに関する国及び地方公共団体の責務を明らかにするとともに、学校教育における発達障害者への支援、発達障害者の就労の支援、発達障害者支援センターの指定等について定めることにより、発達障害者の自立及び社会参加に資するようその生活全般にわたる支援を図り、もってその福祉の増進に寄与することを目的とする。

キーワード解説

通級指導教室

学校教育における発達障害者への支援のひとつとして、通級指導教室があります。通級指導とは、文部科学省によると「小中学校等の通常の学級に在籍する比較的軽度の障害のある児童生徒に対し、その障害の状態に応じ、週に1回～8回程行われる特別の指導」とされています。多くの場合、週に1回程度通級指導教室に通います。例えば、ASDの子どもの場合、自立活動及び教科の補充として、①小集団指導でSST（ソーシャルスキルトレーニング）を行ったり、体を動かして、姿勢・運動・動作の基本的技能を高めるトレーニング（腹筋・背筋・サーキット運動・ボール運動等）を行ったりする、②個別指導で読み書きの困難さを改善するために、その子に合わせた教材を用意して、学習を行います。

自治体によって、通級指導対象の子はIQ85以上などの規定もあり、知的障害を対象としていません。

参考：「学校教育法施行規則の一部を改正する省令について（概要）」

問題 1（2018 年問 97）

知的障害について、正しいものを 1 つ選べ。

① 成人期に発症する場合もある。

② 療育手帳は法律に規定されていない。

③ 療育手帳は 18 歳未満に対して発行される。

④ DSM-5 では重症度を知能指数〈IQ〉で定めている。

⑤ 診断する際に生活全般への適応行動を評価する必要はない。

問題 2（オリジナル）

発達障害者支援法の内容に当てはまらないものを 1 つ選べ。

① この法律において「発達障害」とは自閉症、アスペルガー症候群その他の広汎性発達障害、学習障害、注意欠陥多動性障害その他これに類する脳機能の障害であってその症状が通常低年齢において発現するものとして政令で定めるものをいう。

② この法律において「発達障害児」とは 12 歳未満の者をいう。

③ この法律において発達障害者の支援等の施策が講じられるに当たっては、発達障害者及び発達障害児の保護者（親権を行う者、未成年後見人その他の者で、児童を現に監護するものをいう。）の意思ができる限り尊重されなければならないものとする。

④ この法律において、国民は発達障害者の福祉について理解を深めるとともに、社会連帯の理念に基づき、発達障害者が社会経済活動に参加しようとする努力に対し、協力するように努めなければならない。

⑤ この法律において「発達障害者」とは、発達障害を有するために日常生活又は社会生活に制限を受ける者を指す。

解説＆テクニック

問題 1　正答②

①×　DSM-5において、神経発達障害群に分類される知的能力障害は、診断基準の中に「知的および適応の欠陥は、発達期の間に発症する」という記載がある。

②○　法律には規定されていない。

③×　療育手帳には年齢制限はない。

④×　DSM-Ⅳまでは IQ で重症度を判定していたが、DSM-5 になって、その基準がなくなった。

⑤×　生活全般の質的な適応状況を判定する。

消去法で進めるのが定石の問題といえます。法律の条文を覚えている人は少ないため、②を積極的に選べる人は多くないでしょう。まず③は、街でバスなどに乗る際に手帳を提示している人を見たことがあれば、年齢制限がないことが推察でき、×にできます。⑤は、日常生活の不適応の状態によって質的に重症度を判定するので、常識的に考えて×にできます。①は、診断基準まで把握していなくても、DSM-5 において知的能力障害群が「神経発達障害群」の中にあることを考えると、「発達」に関連すると推測でき×を付けられます。④は、DSM-5 では IQ で分けなくなったことを押さえておきましょう。

点に差がつくミニ知識

知的障害（DSM-Ⅳまでは「精神遅滞」、DSM-5では「知的能力障害」）の考え方の変化

DSM-Ⅳまでは、標準化された個別式知能検査（WISC 等）を用いて算出された IQ の程度に基づき、軽度～最重度に分類されていました。しかし、DSM-5 の程度分類から IQ の程度範囲という基準が削除され、軽度～最重度ごとに DSM-5 に表示された「概念的領域」「社会的領域」「実用的領域」のそれぞれで達成されるべき課題などを参考して知的障害の程度（軽度～最重度）が判定され

ることになりました。この変更点は必ず押さえておきましょう。

キーワード解説

療育手帳

精神障害者保健福祉手帳については「精神保健及び精神障害者福祉に関する法律（精神保健福祉法）」に、身体障害者手帳については「身体障害者福祉法」に記載されています。しかし、療育手帳については「知的障害者福祉法」にその記述はなく、1973年9月27日に当時の厚生省が出した「療育手帳制度について」という通知（厚生省発児第156号厚生事務次官通知、のち、1991年9月24日の厚生省発児第133号厚生事務次官通知）における、「療育手帳制度の実施について」に基づき各都道府県知事（もしくは政令指定都市の長）が知的障害と判定した者に発行しています。また、1999年の地方自治法の改正により、通知・通達により国が地方自治体の事務に関与することはできなくなりました。このため、上記通知は法的効力を失っており、現在、療育手帳制度は各自治体独自の施策となっています。

問題2　正答②

①○　第2条に明示されている。

②×　18歳未満である。

③○　第3条に明示されている。

④○　第4条に明示されている。

⑤○　第2条に明示されている。

DSM-5になってからは「自閉スペクトラム症」と名称が変更になっているために、そこが間違いと思った人もいると思いますが、法律の条文としては①の表記になっているので気をつけましょう（DSM- Ⅳでは AD/HD は広汎性発達障害とは別のカテゴリーでしたが、法律の条文としては当時から記載されていました）。②は「児童」から小学生をイメージした人もいるかもしれませんが、公認心理師試験における法律の条文では「児童」は18歳未満、「少年」は20歳未満として解いていくと正答に結びつく確率が高くなります。③④⑤のように、いわゆる「常識的」な記述は法律問題においては正しいケースがほとんどです。

点に差がつくミニ知識

発達障害者は、精神障害者保健福祉手帳を取得することができます。このような手帳を取得することで、「障害者枠」での企業就労が可能となります。発達障害があり、知的障害の特別支援学校高等部に入学するケースも現状は少なくありません。知的障害の特別支援学校高等部に入学するには、受験時に療育手帳か知的障害があるという医師の診察記録が必要です。発達障害で知的障害がない場合は、後者のケースで入学に至ります。しかし、就職の時は何らかの手帳が必要です。そのため、16歳になり成人相当に達してから、児童相談所に行き成人級の知能検査を受けて、知的障害の手帳を取得したり、精神障害者保健福祉手帳を取得したりしている現状があります。注意すべき点は、精神障害者保健福祉手帳には交付から2年間という有効期限があることです。

キーワード解説

発達障害者支援法の罰則とは

発達障害者支援法については、実施期限の罰則などが定められていません。そのため、自治体によっては取り組みがなかなか進まないところもあり、地域差がある場合もあります。公認心理師として活動が期待される分野です。

4 障害者差別解消法

障害者差別解消法とは

正式名称は「障害を理由とする差別の解消の推進に関する法律」である。

法律の目的として、第1条に「この法律は、障害者基本法の基本的な理念にのっとり、全ての障害者が、障害者でない者と等しく、基本的人権を享有する個人としてその尊厳が重んぜられ、その尊厳にふさわしい生活を保障される権利を有することを踏まえ、障害を理由とする差別の解消の推進に関する基本的な事項、行政機関等及び事業者における障害を理由とする差別を解消するための措置等を定めることにより、障害を理由とする差別の解消を推進し、もって全ての国民が、障害の有無によって分け隔てられることなく、相互に人格と個性を尊重し合いながら共生する社会の実現に資することを目的とする。」と記載されている。

注意すべきポイントとして、国の特別支援教育の流れにまで影響を与えていることである。国の特別支援教育の流れは、①「共生社会」の形成に向けたインクルーシブ教育システム構築のため、特別支援教育の推進が課題となっていること、②「障害者差別解消法」によりすべての学校において「合理的配慮」の提供が義務付けられたことを理解しておく。

共生社会：これまで必ずしも十分に社会参加できる環境になかった障害者等が、積極的に社会に参加・貢献していくことができる社会のこと。

インクルーシブ教育システム：「障害者の権利に関する条約」第24条によると、人間の多様性の尊重等の強化、障害者が精神的及び身体的な能力等を可能な最大限度まで発達させ、自由な社会に効果的に参加することを可能とするとの目的のもと、障害のある者と障害のない者が共に学ぶ仕組みであり、障害のある者が「general education system」（教育制度一般）から排除されないこと、自己の生活する地域において初等中等教育の機会が与えられること、個人に必要な「合理的配慮」が提供される等が必要とされている。

問題 1（オリジナル）

「障害者の雇用の促進等に関する法律」について、誤っているものを１つ選べ。

① 事業主は、賃金の決定、教育訓練の実施、福利厚生施設の利用その他の待遇について、労働者が障害者であることを理由として、障害者でない者と不当な差別的取扱いをしてはならない。

② 障害者の法定雇用率（常時雇用している労働者数の一定の割合）の算定基礎の対象には、身体障害者、知的障害者、精神障害者が含まれている。

③ 事業主は採用試験当日の合理的配慮として、弱視の応募者に配慮して、面接を行う事業所の場所が分かるよう、入り口に目立つ置物を置いて分かりやすくし、段差がある場所は事前に口頭で伝えて注意を促すことなどを行った。

④ 次の内容は、禁止される差別に該当する。合理的配慮を提供し、労働能力などを適正に評価した結果として障害者でない人と異なる取扱いをすること、例えば、障害者でない労働者の能力が障害者である労働者に比べて優れている場合に、評価が優れている障害のない労働者を昇進させることや積極的な差別是正措置として、障害者を有利に取り扱うこと、例えば障害者のみを対象とする求人（いわゆる障害者専用求人）を行うこと。

⑤ 事業主は、労働者の募集及び採用について、障害者と障害者でない者との均等な機会の確保の支障となっている事業を改善するため、労働者の募集及び採用に当たり障害者からの申出により当該障害者の特性に配慮した必要な措置を講じなければならない。ただし、事業主に対して過重な負担を及ぼすこととなるときは、この限りでない。

問題 2（2020 年問 46）

合理的配慮について、適切なものを１つ選べ。

① 公平性の観点から、入学試験は合理的配慮の適用外である。

② 合理的配慮の対象は、障害者手帳を持っている人に限られる。

③ 合理的配慮によって取り除かれるべき社会的障壁には、障害者に対する偏見も含まれる。

④ 発達障害児がクールダウンするために部屋を確保することは、合理的配慮には含まれない。

点に差がつくミニ知識

合理的配慮の具体例をいくつか押さえておくことで、正答に近づけます。例えば、精神障害がある人に対し、出退勤時刻・休暇・休憩について通院や体調に配慮すること、肢体不自由がある人に対し、机や椅子の高さ等を調節し作業を可能にする工夫を行うことなどがあります。

キーワード解説

障害者・社会的障壁

障害者とは「身体障害、知的障害、精神障害（発達障害を含む。）その他の心身の機能の障害（以下「障害」と総称する。）がある者であって、障害及び社会的障壁により継続的に日常生活又は社会生活に相当な制限を受ける状態にあるものをいう。」（第２条第１項）という記載があります。「その他の心身の機能の障害」という記載があるため、ほぼ全ての障害が対象であると考えてよいでしょう。

また、社会的障壁とは「障害がある者にとって日常生活又は社会生活を営む上で障壁となるような社会における事物、制度、慣行、観念その他一切のものをいう。」（第２条第２項）と定義されています。「障壁」という漢字からは物理的なイメージを持つ方もいるかもしれませんが、「制度、慣行、観念、その他一切のもの」とあることから、こちらもほぼ全ての概念が対象であると考えてよいでしょう。

解説＆テクニック

問題１　正答④

①②⑤○　法律に記載されている。

③○　設問のような合理的配慮を実施しなければならない。

④×　記載された２つの内容は、禁止される差別に該当しない。

①②③⑤のように、常識的にそう考えられるものはあまり考え込まずに○を付けていき、選択肢を絞ることがポイントです。すると、自然と④が残ります。④は日本語の問題で、内容を読み込めば、「禁止される差別に該当しない」ものを「該当する」と表現したひっかけ問題であることが分かります。

問題２　正答③

①②④×　不適切である。

③○　適切である。

消去法で正答を導きましょう。①は高校入試・大学共通テストで合理的配慮により、拡大コピーされた問題用紙が配布されたり、時間が延長されたりすることがイメージできます。②は「合理的」というキーワードから障害者手帳取得者に限定されていることはイメージにそぐわないと判断します。③は知識がなくても常識的に考えれば×を付ける箇所が見つからないため△か○と判断できます。④パニック・イライラした気持ち等になり落ち着ける場所や空間を用意することは合理的配慮に当てはまります。

点に差がつくミニ知識

合理的配慮は「過重な負担」にならない範囲で事業主が講じる必要があるものであり、合理的配慮の提供義務については、事業主に対して「過重な負担」を及ぼすこととなる場合は除くこととされていることが注意すべきポイントです。つまり、事業主にとって「過重な負担」になるような場合は行わなくてもよい、という解釈ができます。「過重な負担」の具体的なイメージの１つとして、「お金と労力がかかるか」という視点をもっておくとよいでしょう。

キーワード解説

合理的配慮

合理的配慮とは障害者が他の者と全ての人権及び基本的自由を享有し、または行使することを確保するための必要かつ適当な変更及び調整であって、特定の場合において必要とされるものであり、かつ、均衡を失した又は過重な負担を課さないものです。具体的には車椅子の人に対して、エレベーターがない建物だとしても、エレベーターの設置は「過重な負担」になる可能性が高く、「必要かつ適当な変更及び調整」というのは、車椅子の人の勤務する部屋などを１階にする、などの判断のことです。上記の「必要かつ適当な変更及び調整」や「均衡を失した又は過度の負担を課す」という言葉の意味する感覚を捉えておきましょう。

内閣府から「合理的配慮の提供事例集」がインターネット上に公開されています。それに目を通しておくと、「合理的配慮」における「必要かつ適当な変更及び調整」や「均衡を失した又は過度の負担を課す」という言葉の感覚が捉えやすいです。

それとともに、実際に障害の種類による配慮の検索などは、内閣府の「合理的配慮等具体例データ集、合理的配慮サーチ」を活用して調べてみましょう。

5 特別支援教育

特別支援教育とは

「特別支援教育の推進について（通知）」（平成19年文部科学省）によると、「特別支援教育は、障害のある幼児児童生徒の自立や社会参加に向けた主体的な取組を支援するという視点に立ち、幼児児童生徒一人一人の教育的ニーズを把握し、その持てる力を高め、生活や学習上の困難を改善又は克服するため、適切な指導及び必要な支援を行うものである。また、特別支援教育は、これまでの特殊教育の対象の障害だけでなく、知的な遅れのない発達障害も含めて、特別な支援を必要とする幼児児童生徒が在籍する全ての学校において実施されるものである」、さらに「特別支援教育は、障害のある幼児児童生徒への教育にとどまらず、障害の有無やその他の個々の違いを認識しつつ様々な人々が生き生きと活躍できる共生社会の形成の基礎となるものであり、我が国の現在及び将来の社会にとって重要な意味を持っている」と定義している。

問題 1（オリジナル）

特別支援教育について、正しいものを1つ選べ。

① 小学校等への就学に際して、教育・医学・心理学等の専門家及び本人や保護者の意見を聴取することが必要である。

② 特別支援教育コーディネーターは、必ず特別支援学校教論免許状を持っていなければならない。

③ 特別支援教育は、通常学級では校内に特別支援学級（通級指導学級含む）がある学校のみで実施される。

④ 特別支援教育の対象の障害は知的障害および発達障害（ASD・AD/HD・LD）のみである。

⑤ 私立の小・中・高等学校での特別支援教育は、当面の間は免除されている。

問題２（オリジナル）

特別支援教育について、正しいものを2つ選べ。

① 個別指導計画とは、幼児児童生徒一人一人の教育的ニーズに対応して、指導目標や指導内容・方法を盛り込んだ指導計画のことである。

② 特別支援教育コーディネーターは、各校に１人である。

③ 地域の学校の特別支援教育コーディネーターと特別支援学校の特別支援教育コーディネーターの役割は同じである。

④ 個別の教育支援計画とは、他機関との連携を図るための長期的な視点に立った計画のことである。

⑤ 個別の教育支援計画および個別の指導計画はともに、想定する期間は等しいといえる。

解説＆テクニック

問題 1　正答①

①○　正しい。

②×　特別支援教育コーディネーターは、特別支援学校教諭免許状は必須ではない。

③×　場所は限定されていない。

④×　対象となる障害種別は限定されていない。

⑤×　私立学校でも行われる。

消去法で正答にたどり着ける問題です。冒頭の国の特別支援教育の流れを踏まえると、特別支援学校・学級だけでなく私立学校も含め、通常学級の教員が特別な免許を持たずとも、どの障害に対しても合理的配慮に基づいた教育を行うべきことがわかります。すると、②③④⑤は消えます。また、③④は「のみ」というキーワードから「ひっかけ問題」である可能性を疑うと①が残り、①を正答と導くことができます。①については、「「教育支援委員会」（仮称）においては、教育学、医学、心理学等の専門家の意見を聴取することに加え、本人・保護者の意向を聴取することが必要である*」とされています。

＊（中央教育審議会初等中等教育分科会「資料１　特別支援教育の在り方に関する特別委員会報告１」平成 24 年７月 13 日）

点に差がつくミニ知識

特別支援教育コーディネーターの役割を知っておくと、試験に役立ちます。学校（小学校・中学校・高校）では、特別支援教育コーディーネーターという役割を担った教員が校内にいます。特別支援教育コーディーネーターは、文部科学省によると「(1) 学校内の関係者や関係機関との連絡・調整」「(2) 保護者に対する学校の窓口として機能することが期待される」とされています。学校現場では、養護教諭が担ったり特別支援学級の担任が担ったりと、学校によって様々です。人数も１人から複数まで、その学校の現状に合わせて校長が指名します。

学校においては、個別の指導計画および個別の教育支援計画の作成は担任や特別支援教育コーディーネーターが中心となり、巡回する専門家の支援を受けて作成することが多いといえます。つまり、特別支援教育の推進においては、「特別支援教育コーディーネーター」の存在は非常に重要であることを押さえておきましょう。

参考：「特別支援教育について　資料３　特別支援教育コーディネーター養成研修について　～その役割、資質・技能、及び養成研修の内容例～」（文部科学省、2010）

問題２　正答①④

①○　正しい。

②×　学校により、特別支援教育コーディネーターは複数いる。

③×　地域の学校の特別支援教育コーディネーターと特別支援学校の特別支援教育コーディネーターの役割は異なる。後者の役割の方が大きく、各機関に助言する役割を担っている。

④○　正しい。

⑤×　個別の教育支援計画と個別の指導計画の想定する期間は異なる。前者は長期的スパン、後者は短期的スパンである。

個別の教育支援計画および個別の指導計画の両者の違いを理解しておかないと、正答は導きにくいでしょう。しかし、知識がなくても「指導計画」と「支援計画」という日本語の意味合いから推測して①④を○と判断することは可能といえます。「指導計画」よりも「支援計画」の方が長期的なものと推測できたら⑤は×にできます。②については「各校に１人である」と断定した表現、③も「役割は同じである」と断定した表現であることで、共に△にしておきます。すると、残った①④を○として解答できます。

点に差がつくミニ知識

「個別の指導計画」と「個別の教育支援計画」、「特別支援教育コーディネーター」は、国の特別支援教育の方向性において重要な位置にあります。また似たような名称は、その役割や違いを理解しているかなど問われやすいです。そのため、おおよそのイメージでよいので、以下の表から役割や違いを理解しておくことが重要です。

文部科学省では、個別の指導計画について「指導を行うためのきめ細かい計画」と定義しています。具体的な内容としては「幼児児童生徒一人一人の教育的ニーズに対応して、指導目標や指導内容・方法を盛り込んだ指導計画。例えば、単元や学期、学年ごとに作成され、それに基づいた指導が行われる」としています。一方、個別の教育支援計画については「他機関との連携を図るための長期的な視点に立った計画」と定義しています。具体的な内容としては、「一人一人の障害のある子どもについて、乳幼児期から学校卒業後までの一貫した長期的な計画を学校が中心となって作成。作成に当たっては関係機関との連携が必要。また、保護者の参画や意見等を聴くことなどが求められる」としています。

つまり、個別の指導計画＝園・学校における一人一人の幼児・児童・生徒の指導目標や具体的な手立てを明らかに示した計画、個別の教育支援計画＝家庭や医療・教育・福祉等関係機関と連携した支援のための計画といえます。両者の違い等については以下の表を参照してください。

個別の教育支援計画と個別の指導計画の作成の意義およびポイント等

	個別の教育支援計画	個別の指導計画
内容	家庭や医療・教育・福祉等関係機関と連携した支援のための計画	園・学校における一人一人の幼児・児童・生徒の指導目標や具体的な手立てを明らかに示した計画
作成意義	①子どもや保護者のニーズを明らかにできる ②関係機関が同じ方向で支援できる ③関係機関が役割分担しながら横のつながりをもって支援できる ④子どもが進学するたびに、個別の教育支援計画が、重要な引継ぎ資料となる	子どもが所属する園や学校で行う具体的な手立てを明らかにする
スパン	長期的かつ継続的	短期的（学期ごと、学年ごと等）
関係性	特別の教育的ニーズを把握　⇒　具体的な指導等に反映	

次に学校の種類により特別支援教育コーディネーターの役割が異なることを押さえておきましょう。地域の学校（小・中・高校）における特別支援コーディネーターの役割は上に述べたように大きく２点です。文部科学省によると、地域の学校（小・中・高校）における特別支援教育コーディネーターは「⑴　学

校内の関係者や関係機関との連絡・調整」「(2) 保護者に対する学校の窓口として機能することが期待される」とされています。その一方、特別支援学校の特別支援教育コーディネーターは「これらに地域支援の機能として、(3) 小・中学校等への支援が加わることを踏まえ、(4) 地域内の特別支援教育の核として関係機関とのより密接な連絡調整が期待される」とされています。ここから読み取るべき点は、特別支援学校の特別支援教育コーディネーターは非常に役割が大きいということです。具体的には、特別支援学校の特別支援教育コーディネーターは、地域の特別支援教育の「核」として、地域の学校を支援する役割を担っています。地域の学校と特別支援学校の特別支援教育コーディネーターの違い等については以下の表を参照してください。

学校の種別による特別支援教育コーディネーターの違いおよび関係性

	特別支援学校における特別支援教育コーディネーター（以下 Co）	地域の学校（小・中・高校）における特別支援教育 Co
役割	①学校内の関係者や関係機関との連絡・調整 ②保護者に対する学校の窓口として機能すること ③小・中学校等への支援 ④地域内の特別支援教育の核として関係機関とのより密接な連絡調整	①学校内の関係者や関係機関との連絡・調整 ②保護者に対する学校の窓口として機能すること
役割の大きさ・範囲	特別支援学校特別支援教育 Co　＞　地域の学校内特別支援教育 Co	
関係性	助言・援助　⇄　相談	

文部科学省（2010）「特別支援教育について　資料３　特別支援教育コーディネーター養成研修について　～その役割，資質・技能，及び養成研修の内容例～」
文部科学省（2018）「「個別の指導計画」と「個別の教育支援計画」について」

キーワード解説

校内委員会とは

校内委員会とは、学校内において全体的な特別支援教育に関する支援体制を整備するための委員会のことです。メンバー構成は、学校の現状により異なりますが、例えば小学校であれば、校長、特別支援教育コーディネーター、低学年代表教員、中学年代表教員、高学年代表教員、養護教諭、特別支援学級担任、スクールカウンセラー（以下 SC）等が主要な構成メンバーになります。この校内委員会は、定期的に開催されるように年間計画に明示されていることがポイントです。中学校では、教科担任制（担任はそのクラスの生活指導を担い、学習は教科ごとに専門の教員が行うスタイル）のため、仮に校内委員会を毎週金曜日の2時間目に設定すると決まっていたら、校内委員会のメンバーはその時間に授業を担当しないように時間割が組まれます。しかし、小学校のように学級担任制（担任がそのクラスの毎日の授業や生活指導を行うスタイル）だと、担任の空き時間が中学校のようにはありません。専科（図工や音楽など技能に関する特定の教科指導のみを担当する専科担任の教員が、その教科の指導を学級担任に代わって行うスタイル。小学校独自のもの）の授業の間程度しか空き時間がありません。そのため、中学校のように毎週行うことは難しい現状もあり、学校ごとに工夫を行い、月に1回や隔月に1回程度の校内委員会を開催しているのが現状です。

COLUMN

校内委員会の1年間

教育領域に携わっていないと校内委員会の具体的イメージが浮かばない人もいると思うので、「校内委員会の1年間の例」を紹介します。SCは、基本週に1回程度の勤務のため、多くの学校がSCの勤務曜日に合わせて、校内委員会の開催日を決めています。

この学校の特徴は大きく3点あります。それは「①地域の特別支援学校の特別支援教育コーディネーターの力を借りて校内委員会に参加してもらったり、夏季職員研修で講師をお願いしたりして年間を通して支援を受けていること」「②普段の「定期校内委員会」に加えて「拡大委員会」を開いていること。「拡大委員会」とは正式名称ではないが、校内のメンバーに加えて外部の専門家である特別支援学校の特別支援教育コーディネーター、スクールソーシャルワーカー（以下、SSW）、児童家庭支援センター職員等を交えて、支援児童について、支援会議で検討していること」「③校内委員会が開催される日に、巡回する専門家に来てもらい、児童の行動観察、教員への助言に加えて、校内委員会においても助言等してもらえる体制を構築していること」です。

＊ SSW：教育と福祉の両面に関して、専門的な知識・技術を有し、児童生徒が置かれた様々な環境の問題への働きかけを行う専門職。

＊児童家庭支援センター：地域の児童に関する問題につき、児童、家庭、地域住民その他からの相談に応じ、必要な助言と指導を行う相談機関。また、児童相談所等とその連絡調整を総合的に行い、地域の児童、家庭の福祉の向

上を図ることを目的とする相談機関（子ども家庭相談センターなど自治体により名称が異なります）。

4/5	・メンバー顔合わせ（SC 以外） ・仕事内容の確認および役割分担決め
4/6	〈職員会議にて〉 ・校内体制の流れの説明と確認 ・個別の指導計画および個別の教育支援計画の作成依頼と締め切りの確認
4/15	〈定期校内委員会①〉 ・支援児童の確認および支援内容についての検討
5/10	〈定期校内委員会②〉 ・支援児童の目標設定および修正
6/15	〈定期校内委員会③（拡大委員会）〉特別支援学校特別支援教育コーディネーター参加 ・支援会議
夏休み期間	・各担任が作成した個別の指導計画および個別の教育支援計画の確認、評価の記入 ・校内研修：個別の指導計画および個別の教育支援計画の作成について、特別支援学校特別支援教育コーディネーターによる助言（対象：全教職員）
9/6	〈定期校内委員会④〉 ・巡回する専門家の参加 ・支援児童の経過と支援策の見直し ・２学期個別指導計画記入の依頼
10/5	〈定期校内委員会⑤（拡大委員会）〉特別支援学校特別支援教育コーディネーター・SSW・児童家庭支援センター職員参加 ・支援会議
11/7	〈定期校内委員会⑥〉 ・新１年就学時健診の面談で配慮を要する子どもについての共有
12/2	〈定期校内委員会⑦〉 ・個別の指導計画の課題と評価の記入の確認
1/9	〈定期校内委員会⑧〉 ・３学期個別指導計画記入の依頼
2/6	〈定期校内委員会⑨（拡大委員会）〉特別支援学校特別支援教育コーディネーター・SSW・児童家庭支援センター職員参加 ・支援会議 ・支援児童やケースについての引継ぎ

3/5	〈定期校内委員会⑩〉 ・個別の指導計画および個別の教育支援計画の評価と課題の確認（保護者にも確認） ・個別の指導計画および個別の教育支援計画のファイルのまとめと新年度のファイル作成 ・新１年生の情報を共有し、新年度の支援体制の計画立案

MEMO

CHAPTER

5 心理状態の観察及び結果の分析

1 インテーク面接

インテーク面接とは

クライエントが相談機関に来談した際に行う最初の面接のことである。「受理面接」とも呼ばれる。クライエントの話を聴くことで、継続的な面接が可能かどうかの判断をしたり、治療目的の特定をしたり、場合によってはアセスメントを実施してパーソナリティ理解をしたりする。そして、今後の治療方針と来談計画を立てることがインテーク面接の主な目的である。また、情報収集を行うことに加え、ラポールを形成することが重要と考えられている。

具体的に聴く内容としては、主訴、年齢、性別、生育歴、現病歴、家族歴、来談経緯などである。それとともに、クライエントの非言語的コミュニケーションにも注目しておくことが重要である。

COLUMN

インテーク面接においては、クライエントの情報収集が目的の一つです。しかし、企業の査定面談などと違い、記録を目の前でとることはクライエントに負担をかける恐れが高いです。不安を感じて来室しているクライエントに余計な緊張を与えないように、インテーク面接時では自己紹介、守秘義務の説明や目的を伝えた後に、話された内容を記録にとることも許可を得ることが望ましいでしょう。

問題 1（2020 年問 17）

公認心理師が心理相談での記録や報告を行う際に留意することとして、最も適切なものを１つ選べ。

① 病院からの紹介状への返事は、クライエントには見せない。

② 守秘義務があるため、面接内容は自身の上司には報告しない。

③ 録音は、クライエントを刺激しないために気づかれないように行う。

④ 心理検査の報告は、検査を依頼した職種にかかわらず専門用語を使って書く。

⑤ インテーク面接の記録には、観察事項に基づいた面接時の印象も併せて記録する。

問題 2（2020 年問 38）

インテーク面接におけるアセスメントについて、不適切なものを１つ選べ。

① クライエントの生活における適応状態を確認する。

② 支援を受けることについての動機づけを確認する。

③ クライエントの問題に関連する情報を初回で漏れなく収集する。

④ 客観的な情報収集に努めながら、クライエントの語りを共感的に聴く。

⑤ クライエントの問題の心理的要因だけではなく、生物的要因や社会的要因についても評価する。

解説＆テクニック

問題１　正答⑤

①×　紹介状への返事について迷ったら△を付ける。

②×　上司は同じ期間、同じ部署と考えられるため×を付けることができる。

③×　「気づかれないように」が×。同意を得る必要がある。

④×　報告書を読む対象者に合わせて書く。

⑤○　適切である。

①について「紹介状の返事」まで関与した方は少ないと考えられます。迷ったら△を付けましょう。②③は明らかに×であり、④のように「～にかかわらず」と柔軟性を失した表現方法は×である可能性が高いです。⑤は×を付ける箇所がなく、①と⑤を比較し、マイナスポイントがない⑤を選びます。

点に差がつくミニ知識

秘密保持義務の例外状況は出題される可能性があります。理由として、「○○の場合は除く」という形で出題できるとともに、「必ず秘密保持が…」という問題も作ることができるからです。そのために押さえておきたいところです。

1. 明確で差し迫った生命の危機があり、攻撃される相手が特定されている場合
2. 自殺など、自分自身に対して深刻な危害を加えるおそれのある緊急事態
3. 虐待が疑われる場合
4. そのクライエントのケア等に直接かかわっている専門家同士で話し合う場合
5. 法による定めがある場合
6. 医療保険による支払いが行われる場合
7. クライエントが、自分自身の精神状態や心理的な問題に関連する訴えを裁判などによって提起した場合
8. クライエントによる明示的な意思表示がある場合

ただ、上記８項目は覚える必要はありません。選択肢の中に出てきて「再認」

できれば良いので、一度目を通しておきましょう。

キーワード解説

「警告義務」と「タラソフ判決」

秘密保持の例外として「警告義務」というものもあります。以下の４つです。

1. 犠牲者となりうる人に対してその危険について警告する。
2. 犠牲者となりうる人に対してその危険を知らせる可能性のある人たち（家族や親しい友人など）に警告する。
3. 警察に通告する。
4. 他に、その状況下で合理的に必要と判断される方法を、どのような方法であっても実行する。

上記の警告義務のきっかけとなった判決に「タラソフ判決」というものがあるので、その概要を押さえておきましょう。

タラソフという女性が男に殺害されたが、その男は当時精神科に通院していた。診察時、主治医に「タラソフを銃で撃つ」と語ったが、主治医は守秘義務のため、それを口外しなかった。予告通り、男はタラソフを殺害してしまい、その後、タラソフの両親が主治医を「なぜ教えてくれなかったのだ」と訴える。最高裁まで争われ、結果、「医師や治療者は、患者によって危険が及ぶと予測される人を、危険から守る方策を取るべきである。」というタラソフ判決が下された。

問題２　正答③

①②④⑤○　適切である。

③×　「初回で」「漏れなく」が×。現実的に不可能である。

「不適切なものを１つ選べ」ということは△が４つでもよいので、「迷ったら△」を徹底しましょう。①②のように「確認する」は○である可能性が高いです（「診断する」は×）。③のように「初回で」「漏れなく」と限定的なものは×である可能性が高いです。④のように「努めながら」「共感的に」「聴く」などは×を付けにくく、⑤は「ついても」と含みを持たせているので○の可能性が高いと判断します。したがって、③が残ります。

点に差がつくミニ知識

「こじらせない」、「さばく」

これは筆者が予備校の授業でよく伝える言葉です。例えば「私のクリニックではインテーク面接と治療面接は同じカウンセラーが担当します！」など、経験則から質問をする方も多くいらっしゃいます。もちろん、実際の臨床では教科書どおりにいかないことも多いのですが、「試験」に関しては教科書・過去問どおりに解答することが合格の近道です。「こういうことも考えられるのではないか」など、深くは考えずに、素直に、こじらせずに、問題を「解く」というよりは、淡々と「さばいて」いきましょう。

2 テストバッテリー

テストバッテリーとは

クライエントを多面的、重層的に捉え全体的な理解をするために、複数の心理検査を組み合わせて実施することである。心理検査には様々な種類があり、それぞれに長所と短所がある。長所を生かして短所を補い、より全体的にクライエントを理解するために重要である。また、心理検査の組合せ自体を「テストバッテリー」と意味する場合もある。

COLUMN

テストバッテリーは上述のように、複数の心理検査を実施しますが、多くとれば良いわけではありません。クライエントの負担を軽減するために、「検査目的を明確にする」、「各検査の長所や短所といった特徴を理解し、実施や解釈に習熟している状態、必要最低限の組合せで最大限の情報を得る」、「検査順番に注意し、導入しやすい検査から始める」などの配慮が必要です。検査順番に関しては、「大人は質問紙法」が導入しやすく、「子どもは描画法」が導入しやすいとされています（諸説あり）。

問題 1（オリジナル）

テストバッテリーについての以下の記述のうち、不適切なものを1つ選べ。

① テストバッテリーはクライエントを多面的、重層的に捉え全体的な理解をするために、複数の心理検査を組み合わせて実施することである。

② テストバッテリーを組む際には、それぞれの心理検査の長所と短所を把握し、適切な検査を選択することが大切である。

③ テストバッテリーを組む際には導入しやすい検査から始めるなど、順番も考慮する必要がある。

④ 検査順番に関して、一般的には「大人は質問紙法」が導入しやすく、「子どもは描画法」が導入しやすいとされている。

⑤ テストバッテリーを組む際に、クライエントのことを多面的、重層的に捉えるために、可能な限り多くの検査を組み込むことを意識する。

問題 2（2018 年問 137）

26 歳の男性 A、会社員。A は仕事上のストレスが原因で心理相談室に来室した。子どもの頃から忘れ物が多く、頑固だと叱られることが多かった。学業の問題は特になかった。友人はほとんどいなかったが、独りの方が楽だと思っていた。就職した当初はシステムエンジニアとして働いており、大きな問題はなかった。しかし、今年に入って営業部に異動してからミスが増え、上司から叱責されることが多くなった。A は「皆がもう少しゆっくりやってくれたら」と職場への不満を口にするが、「減給されるので仕事を休む気はない」と言う。

A に実施するテストバッテリーに含めるものとして、最も適切なものを1つ選べ。

① BACS

② MMSE

③ STAI

④ WAIS－Ⅲ

⑤ 田中ビネー知能検査Ⅴ

解説＆テクニック

問題１　正答⑤

①②○　基本的な説明である。

③○　組み合わせのみならず、順番も考慮する。

④○　「一般的には」、子どもは絵を描くことへの抵抗が少なく、大人は逆に自由度が低い質問紙法への抵抗が少ないとされている。

⑤×　多くとればその分、クライエントの負担が増える。

テストバッテリーについての基本的な問題なので、この問題は確実に正解したいところです。正しい知識で積極的に⑤を選ぶのが望ましいですが、テクニックとしては「常識」は○を付けて先に進みましょう。上述のように、「このような場合はどうか」などとは考えないように。また④について、もし「どっちだったかな」と迷ったら、「一般的には」と含みを持たせている選択肢は○の前提で進みます。これが「必ず子どもは描画法から実施すべきである」というように、「必ず」などがあれば×です。また、①～④について、○を付けられなかったら△を付けてとりあえず先に進みます。このような問題は、①～④が△であっても正答できます。合格のためには、全ての選択肢が確実にわかる必要はありません。

点に差がつくミニ知識

テストバッテリーを含む心理検査の問題は、「数字」を変えて出題することが多いです。特に心理検査の大まかな適用「年齢」について押さえておきましょう。例えば、成人ならWAISですが、小学生ならWISCです。この際「大まかな」という点が大切です。よく「○○歳○○ヶ月」というところまで覚えようとする受験生もいますが、全ての尺度においてそこまで覚えることは現実的に難しいものです。「高校生以上ならWAIS、中学生ならWISC」という感覚で押さえていきましょう。また、「○領域」という因子数なども覚えておくに越したことはありませんが、やはり全ての尺度を覚えるのは現実的ではありません。まずは、WAIS等「臨床心理士試験」に出題されたものだけ覚えておくのが良いでしょう。

キーワード解説

テストバッテリーの解釈について、実際の臨床においては、それぞれのテストがどのような関係にあるのか、違いや矛盾はあるのか、それが何を意味するのか、その違いをクライエントはどのように認知しているのか、などを検討していくことが大切です。臨床場面において複数の心理検査を実施した際には、仮説とは違う、矛盾も生じるものです。しかしながら、試験においては多くの場合、一貫した結果を示す事例が提示されていることが多い、ということも知っておきましょう。理由として、複数の解釈ができてしまうと、問題として成り立たないからです。

問題２　正答④

①×　BACS（The Brief Assessment of Cognition in Schizophrenia：統合失調症認知機能簡易評価尺度）は Keefe らによって開発されたもので、言語性記憶、ワーキング・メモリ（作動記憶）、運動機能、注意、言語流暢性および遂行機能を評価する６つの検査で構成される。所要時間は約 30 分と実用的な認知機能評価尺度である。①において、統合失調症を疑う記述がないため、×である。

②×　MMSE（Mini-Mental State Examination）は認知症の検査である。事例の A は 26 歳であり、認知症は除外されるので×。

③×　STAI（State-Trait Anxiety Inventory）は特性不安と状態不安を測定する尺度である。不安に対する記述がないため、ここでは×とする。

④○　「忘れ物が多く、頑固」、「システムエンジニアでは大きな問題はなかった」「皆がもう少しゆっくりやってくれたら」という記述から知能の凸凹が疑われる。そこで WAIS－Ⅲをとることは不適切ではない。

⑤×　WAIS－Ⅲが選択肢になければ、これが正答になる可能性もある。しかし、先行研究などを読むと、田中ビネー知能検査Ｖは WISC とテストバッテリーを組んで施行されていることが多く、今回の 26 歳の事例においては WAIS－Ⅲが求められる解答であると考えられる。

消去法で解いていくタイプの問題です。②は年齢から明らかに×。①の BACS は知らない人も多いですが、そのような場合はとりあえず△を付けて次に進みます。③も不安の記述がないために×ですが、検討する時間がなければ、これも△を付けて次に。④WAIS や WISC は、テストバッテリーの問題で×を付けるのが難しい検査です。年齢にだけ注意して、WAIS は残します。⑤は上述のように WAIS がなければ○かもしれませんが、知能検査が２つあれば WAIS を選んだ方が「無難」です。そうすると①の BACS は知らなくても問題ありません。余談ですが、知能検査が２つも選択肢にあることが「怪しい」と感じてもられるとうれしいです。要は「この２つの差を理解していますか？」と出題者から試されているのです。

点に差がつくミニ知識

「知識は預金通帳の残高のようなもの」

これは筆者が予備校の授業でよく伝える言葉です。真面目な受験生ほど上記のような問題で①の BACS について思い出そう、考えようとすることが多いもの。それは時間の無駄です。預金通帳の残高が「0 ならば引き出せない」のと同様に、知識も「覚えていないものは出て」きません。制限時間が設けられている試験においては「出てこない」ものを考えずに、速やかに△を付けて次に進みましょう。

3 フィードバック

フィードバックとは

クライエントに心理検査等を実施した後、その結果や解釈を今後の治療のために説明することである。心理援助を目的に心理検査を実施した以上、その結果を今後の心理援助のために役立てなければならない。その際に、数値を淡々と説明するだけでは意味がないので、解釈や今後のつながりを伝えることが大切である。

COLUMN

上述のように、フィードバックは心理検査後の援助に役立てるために実施されるものですが、アセスメントとフィードバックをブリーフセラピーとして用いるという立場もあります。「治療的アセスメント（Therapeutic Assessment）」と呼ばれるもので、近年広く認められるようになってきています。Stephen E. Finn が紹介したもので、戦略的、構造的にアセスメントフィードバックを捉えています。詳細は『治療的アセスメントの理論と実践 クライアントの靴を履いて』（スティーブン・E・フィン著、野田昌道・中村紀子訳、金剛出版）を参照。

問題 1（オリジナル）

フィードバックについての以下の記述のうち、不適切なものを１つ選べ。

① フィードバックは心理検査等を実施した後、その結果や解釈をクライエントに説明することである。

② フィードバックする際には、クライエントが理解しやすい言葉を使用するように意識する。

③ フィードバックの際、どのような些細な情報でも漏らさずに全てクライエントに伝えきることが重要である。

④ フィードバックの際には結果の数字のみならず、その解釈も同時に伝えることが望ましい。

⑤ フィードバックの際には、クライエントにとって有益な情報も伝えることが、今後の治療面接のモチベーションにつながる場合が多い。

問題 2（オリジナル）

フィードバックについての以下の記述のうち、最も適切なものを１つ選べ。

① ロールシャッハテストを包括システムで実施する際には、必ず検査者と被検査者が対面に座らずに横並びとなる。それは結果のフィードバックの際も同様で、必ず横並びでフィードバックする。

② WAIS－Ⅲのフィードバックの際に、言語性 IQ と動作性 IQ の差が 15 以上あった。これはディスクレパンシーであり、その結果をもとに発達障害であることは伝える必要がある。

③ 検査結果は守秘義務の対象であるが、フィードバックの内容については守秘義務の対象外である。

④ バウムテストで「根」の書き方が特徴的であったため、過去に性犯罪の履歴がないかはフィードバックをする中で必ず確認する。

⑤ フィードバック時においてもクライエントの表情や動作など、ノンバーバルな側面にも注目し、負担がないかなども慎重に見ていく必要がある。

解説＆テクニック

問題１　正答③

①○　フィードバックの説明である。

②○　専門用語ばかりを使わないように気をつける必要がある。

③×　「どんな些細なことでも」、「全て」は現実的ではない。

④○　数字のみだと状態をイメージできないことがほとんどである。それらの解釈や平均値との差なども同時に伝えることが望ましい。

⑤○　心理面接に来るクライエントは、負の感情を抱いていることがほとんどである。ネガティブな内容ばかりでは治療面接のモチベーションにつながらないこともあるので留意する。

フィードバックは頻出事項なので、この問題は確実に正解したいところ。常識力等で積極的に③を選ぶのが望ましいですが、テクニックとして③は「どんな些細なことでも」や「全て」と極端な表現です。このような表現は、多くの場合不正解です。

点に差がつくミニ知識

心理検査の実施は平均1〜2時間、フィードバックは平均30分〜1時間が一般的です。限られた時間の中で、上述の「全て」というのは現実的ではありません。足りない部分は治療面接の中で収集したり、必要に応じてさらなる検査の実施も検討します。

キーワード解説

心理職が面接技術を駆使してフィードバックを行い、それを治療面接に活用するということは、心理職が単なる「臨床心理検査技師」ではないということを示しています。正しく検査を行えるだけでは不十分であり、フィードバックも「プロ」の仕事です。単なる「技師」に終わらぬよう、研さんが必要です。

問題２　正答⑤

①×　包括システムを実施する際、検査者の表情が回答に影響を与えないために横並びになるが、フィードバックでは被検査者の表情も重要な手がかりとなるため、横並びでなくても大丈夫である。

②×　ディスクレパンシーは事実であるが、すなわち発達障害とはいえない。短絡的な解釈、言動は慎むべきである。

③×　守秘義務の例外については上述したとおりである。フィードバックにも守秘義務は適用される。

④×　性犯罪者はバウムテストの「根」に特徴が表れるという立場もあるが、②のように短絡的には解釈しない。仮説の一つとして知っておく程度にとどめることが望ましい。

⑤○　実施時と同様に、ノンバーバルなコミュニケーションも意識する。

テクニックとして、⑤は「必要がある」と含みをもたせている記述。○である可能性を大きくして、他に×を付けていきます。①と④は「必ず」があるので×というつもりで見ましょう。②に関しては短絡的すぎると「勘」が働けばOK。③は守秘義務の例外を押さえておけば問題なく解ける はずです。

点に差がつくミニ知識

上記の問題の④のように、バウムテストなど解釈が標準化されていない心理検査も多いです。そのような心理検査が選択肢にある場合、「断定」していたら×を付けることを意識しましょう。

4 関与しながらの観察

関与しながらの観察とは

アメリカの精神科医、社会心理学者のSullivan, H.S.（サリヴァン）が言った言葉であり、『心理臨床大事典』（培風館）によると「治療者は治療状況の中では、治療者―患者という人間関係の中に、自ら関与しつつ観察する特殊な立場にある（中略）。これを『関与しながらの観察』と呼んだ。つまり、精神医学的現象は、自然現象のような純客観的事象ではなく、必ず観察者である治療者が関与し、それに影響を与えると同時に、それによって影響を与えられてもいるのだ。」と書かれている。

COLUMN

Sullivan, H.S.は「精神医学は対象関係論である」という著作、標語を残し、「関与しながらの観察（participant observation）」について、「治療者はクライエントを客観的対象として観察することはできず、人間関係の中で相互に影響し合いながら観察するのだ。」という表現をしました。すなわち、治療のためにはクライエントのことをよく見ることが必要であるが、それは実験対象として客観的に観察するのではない、もちろん、一緒に苦しさに飲み込まれることでもない、ということです。

問題 1（2018年問44）

H.S. Sullivanによる「関与しながらの観察」という概念について、最も適切なものを1つ選べ。

① 治療面接では、感情に流されず客観性及び中立性を維持することが重要である。

② 他者の行動を理解するには、面接に参加している自己を道具として利用する必要がある。

③ 面接外のクライエントの行動に関する情報も、面接中に得られる情報と同等に重要である。

④ クライエントとのコミュニケーションを正しく理解するためには、現象のみに目を向けるべきである。

問題 2（2018 年追問 14）

「関与しながらの観察」について、最も適切なものを１つ選べ。

① 関与も観察もともに観察者だけが行うことである。

② H.S. Sullivan が提唱した実験的観察法に関する概念である。

③ 関与と観察は不可分のものであるため、観察者は中立的に参加しながら観察を行う。

④ 観察者は現象に人為的な操作を加え、条件を統制したり関与したりしながら観察を行う。

⑤ 観察者は自身が１つの道具としての性質を持っており、自らの存在の影響を排除できない。

解説＆テクニック

問題 1　正答②

①×　「関与しながら」の意味が含まれていない。

②○　「関与しながら」というのは「自己を道具として利用」していくことである。

③×　確かに必要ではあるが「関与しながらの観察」の概念ではない。

④×　「関与しながらの観察」は現象にのみ目を向けることではない。

「関与しながらの観察」を理解するための良い問題です。これはテクニックで解くのではなく、臨床を行う上での重要な概念なので、正しく理解しましょう。ただ、試験本番のテクニックとしては、国語力で①③④は「関与していない」ということに気づけば、②を消去法で選べます。

点に差がつくミニ知識

「関与しながらの観察」を文字通りに解釈し、「遊戯療法などで、子どもと一緒に遊びながら（＝関与しながら）も、観察することを忘れてはいけない。」と思っている方が多いです。このような「誰もが聞いたことのある言葉」であり、「文字だけでは内容がつかみにく」く、かつ「臨床においても大切な概念」は心理職の試験では出題されやすいと考えられます。「遊戯療法」や実験の「観察法」の文脈での出題も考えられるので、その場合は即座に×を付けられるように、「関与しながらの観察」の概念を正しく理解しておきましょう。

キーワード解説

上述のように「関与しながらの観察」は遊戯療法での文脈で出題される可能性も考えられます。遊戯療法における Axline, V.（アクスライン）の 8 原則について、ここで確認しておきましょう。

1. 治療者と子どもとの間にラポールがあり、信頼関係が構築されている。
2. 治療者は、子どもの表現した内容を受容している。
3. 治療者は、子どもが何も気にせず内的世界を表現できるよう自由な雰囲気を作る。

4. 治療者は、子どもの示した表現内容に関して、主に感情に焦点化しつつ反射することで、子ども自身の気づきを促す。
5. 治療者は、子どもが自分の表現や行動に責任を持つよう働きかける。
6. 治療は子どもが主体となり進むべき。治療者は子どもの後に従っていく。
7. 治療が子どものペースに合わせてゆっくり進むものであることに留意する。
8. 時間と場所を一定にし、遊具の持ち出しや持ち込みを禁止し、子ども自身や治療者に対しての攻撃行動、備品などへの破壊行動をさせないといった、必要最低限の制限を設ける。

試験対策として1つずつ覚えておかなければならないということはありませんが、「心理職としての」常識が書かれており、例えば、「子どもの遊びをリードする必要がある」と選択肢に書かれていたときに×を付けられるようになっておくことが大切です。

問題2　正答⑤

①×　治療者とクライエントの記述が全くない。
②×　実験的観察法ではない。
③×　治療者とクライエントの記述がない。
④×　実験場面のことではない。
⑤○　問題1と同様に解く。

「点に差がつくミニ知識」で説明したような事柄が問われた問題です。「関与しながらの観察」が実験場面のことではないのを知っておくと、比較的容易に絞れるのではないでしょうか。このような「文字だけを読むと誤解しやすい」内容は出題されやすいので、押さえておくことが大切です。

点に差がつくミニ知識

「関与しながらの観察」は、公認心理師試験において第1回、第1回追加試験ともに出題され、キーワードは「自己を道具にする」という記述でした。これが分かっていないと、消去法で進めていっても正答を選ぶことが難しくなります。

『精神医学的面接』の中に以下の記述があります。「『精神医学とは科学的方法を適用する根拠を有する領域である』とみなされるようになって以来のことであるが、われわれは『精神医学のデータは関与的観察をとおしてのみ獲得できるものである』という結論に達した。目下進行中の対人作戦に巻き込まれないわけには行かないのである。精神科医の主要観察用具はその『自己』である。その人格である。個人としての彼である。また、科学的検討に適合してデータとなりうるものは過程および過程の変化である。これらが生起するところは…観察者と被験者とのあいだに創造される場（situation）においてである」というものです。

「関与しながらの観察」「自己を道具として」という一部分を切り取ると理解が難しいかもしれませんが、どうしても難しい場合は上記のように、原典に戻り、文脈の中で理解するのが良いでしょう。

(本当は全て原典に当たるのが望ましいのですが、「合格」の目的で、時間が限られる中においては現実的ではありません。)

5 構造化面接、半構造化面接

構造化面接とは、アンケートの回答のように、あらかじめ決められた項目に沿って質問をしていく方法である。メリットは、心理師の技量に関係なく、クライエントの情報をある程度把握することができる点であるが、デメリットは、臨機応変な対応ができなかったり、深い情報を得ることが難しい場合がある。それに対して半構造化面接はある程度決められた項目があるものの、「もう少し聴きたい」という部分などは、臨機応変に聴くことができる。

COLUMN

非構造化面接とは、決められた項目がない面接方法です。マニュアルにとらわれることなく、クライエントとのコミュニケーションに集中することができるメリットがあります。その反面、心理師の技量がないと必要な情報を得ることができないばかりか、ラポールも築けない場合があります。

問題 1（オリジナル）

半構造化面接についての以下の記述のうち、最も適切なものを１つ選べ。

① 質問する項目が完全に決まっている。

② 構造化がなされておらず、コミュニケーションに集中できる。

③ あらかじめ仮説を設定して質問項目も決めておくが、会話の流れに応じ、質問の変更や追加をおこない、自由な反応を引き出す。

④ 仮説の妥当性を検証するためのデータを統計的に収集することを目的としている。

⑤ 多面的・多層的・全体的なデータを収集して、仮説を生成することを目的とした方法である。

問題 2（オリジナル）

面接構造についての以下の記述のうち、不適切なものを１つ選べ。

① 構造化面接とは、質問が決まった順序でデザインされている面接法である。客観的な手続きが明確に指定され、所要時間もほぼ決まっており、面接者は準備されたシナリオに忠実に従って面接を進める。面接者による影響やバイアスが少なく、より客観的で信頼性の高いデータを収集することができる。その一方で、面接者にも対象者にも自由度の低い調査で、得られるデータは画一的・表面的なものにとどまることが多い。

② 半構造化面接とは、何を質問すればよいかはある程度分かっているが、どのような回答が戻ってくるか不明な場合に適している。構造化面接と同様にシナリオを作成して、一定の質問に従い面接を進めるが、対象者の状況や回答に応じて、追加の質問をしたり、説明を求めたり、対象者の答えの意味を確認したり、面接中に浮かんできた新たな疑問を投げかけたりする。方向性を保ちつつ、対象者の自由な語りに沿った、より深いデータを得ることができる。

③ 半構造化面接とは構造がないか、あるとしてもごく弱い面接法である。面接者は話の流れをほとんどコントロールせず、その役割は非支持的、受容的である。得られるデータは内容が豊富で、主観的である。回答を量的な側面から客観的に比較することが難しい。

④ 非構造化面接とは、構造のない面接法である。コミュニケーションに集中することができ、臨機応変に質問ができる。個々人の主観的な意味づけを解釈することを通して新しい仮設や理論を生成する研究においては有用である。しかし、面接者の技量によって得られるデータの質が左右されることが大きな課題である。

解説＆テクニック

問題１　正答③

①×　構造化面接の記述である。

②×　非構造化面接の記述である。

③○　半構造化面接の記述である。

④×　構造化面接の記述である。

⑤×　非構造化面接の記述である。

ポイントは④の「仮説の妥当性を検証するためのデータを統計的に収集することを目的としている。」という記述が構造化面接に対応していることを覚えることです。これは臨床心理士試験の過去問にも出題された記述であり、押さえておきましょう。

点に差がつくミニ知識

「妥当性」について大別すると「基準関連妥当性」、「内容的妥当性」、「構成概念妥当性」の３つに分けられます。それぞれの頭文字を取って「きなこ」と覚えておくと良いでしょう。

キーワード解説

ジョイントインタビューとは、同一のテーマについて２人から同時にそれぞれの話を聞く方法のことです。対象者が２人いることで、リラックスしやすいこともあります（例えば夫婦など）。また、面接中の対象者間のコミュニケーションから、２人の関係についての情報を得ることができます。ただし、対象者２名がいることでそれぞれの話がゆがんだり、対立したりするリスクも伴うことを念頭に置いておく必要があります。

問題２　正答③

①○　構造化面接の記述である。

②○　半構造化面接の記述である。

③×　非構造化面接の記述である。

④○　非構造化面接の記述である。

この問題のように、一つの選択肢の文章が長い場合は、「間違い」を探しにいくことがセオリーです。○を付けようと考えると、どうしても深みにはまってしまいます。冷静に見てみると③の記述が非構造化であると気づくことができます。「こじらせず」に、単純に×を付けていきましょう。

MEMO

CHAPTER

6 心理に関する支援（相談、助言、指導その他の援助）

1 日本の心理療法

第１回試験では、森田療法はじめ、日本の心理学者により創始された療法が出題された。臨床心理士試験においても毎年のように出題されており、今後も出題される可能性が高いと考えられる。

問題 1（2018 年問 4）

森田療法について、正しいものを１つ選べ。

① 「精神交互作用」の過程を重視する。
② 創始時に多く適用された対象は、統合失調症であった。
③ あるがままに受け入れるアプローチは、「身調べ」に由来する。
④ 原法の絶対臥褥（がじょく）期では、読書は行ってもよいとされる。
⑤ 「ヒポコンドリー性基調」とは、注意が外界に向けられ他者に敏感である状態をいう。

問題 2（2018 年問 128）

日本で開発された心理療法について、正しいものを２つ選べ。

① 森田療法における入院療法では、最初の約１週間は終日横になったままで過ごす。
② 森田療法では、不安を「あるがままに」受けとめた上で、不安が引き起こす症状の意味や内容を探求していく。
③ 内観療法における集中内観では、指導者を含め他人と一切話をしてはならない。
④ 内観療法では、「してもらったこと」、「して返したこと」、「迷惑をかけたこと」及び「して返したいこと」という４項目のテーマが設定されている。
⑤ 動作法では、心理的な問題の内容や意味を心理療法の展開の主な要因としては扱わない。

解説＆テクニック

問題 1　正答①

①○　適切である。

②×　森田神経症である。

③×　「身調べ」に由来するのは内観療法である。

④×　読書も行ってはならない。

⑤×　注意が自己に向き、固着する状態をいう。

消去法で解く典型的な問題です。①は×をつけられないから△。②から⑤は明らかな×の選択肢（言葉を変えられている）なので、①しか残りません。

点に差がつくミニ知識

内観療法は「身調べ」から由来しています。Wundt, W.（ヴント）が実験室で行った「内観」と「内観療法」は違うものであるので、注意が必要です。同様に「ゲシュタルト心理学」と「ゲシュタルト療法」は違うものです。このように用語が似ているものは人名が変えられて出題される可能性が高いので要チェックです。

問題 2　正答①⑤

①○　適切である。絶対臥褥期。

②×　不安が引き起こす症状の意味や内容を探求はしない。

③×　セラピストが時折、内観の内容について伺う。

④×　「お世話になったこと」、「して返したこと」、「迷惑をかけたこと」の内観3問を覚えておく。

⑤○　適切である。

消去法で解いていく問題です。②は「あるがまま」なので×。③は「一切」という言葉が強調しすぎているので×。④は有名な問題であるので、3つともに覚えておきましょう。

点に差がつくミニ知識

内観３問は頭文字をとって「お」「し」「め」と覚えましょう。１点気をつけることは「迷惑をかけたこと」であり、「迷惑をかけられたこと」という記載ならば×を付けることです。内観療法によって、感謝、報恩を導きたいので、「迷惑をかけたこと」であると理解しておきましょう。

2 認知行動療法

認知行動療法とは、クライエントの考え方や受け取り方（認知）に働きかけて、気持ちを楽にしたり、行動に働きかけて適切な行動様式を獲得したりする治療方法であり、医療機関などでも導入されている。

COLUMN

認知行動療法は毎年出題されると考えられます。理由としてエビデンスが報告されているため、そして診療報酬の保険点数に入っているためです。公認心理師は国家資格であり、医師との連携も重視されています。認知行動療法の知識は必要です。

問題 1（2018 年追問 92）

認知行動療法に影響を与えた人物と理論又は技法との組合せとして、正しいものを１つ選べ。

① A.T. Beck — 条件づけ理論
② D. Meichenbaum — 学習性無力感理論
③ G.A. Kelly — 論理情動行動療法
④ G.H. Bower — 感情ネットワークモデル
⑤ H.J. Eysenck — 自己教示訓練法

問題 2（2018 年問 50）

認知行動療法について、正しいものを2つ選べ。

① 機能分析では、非機能的な認知に気づき、それに代わる機能的な認知を見つける。

② セルフ・モニタリングでは、個人が自らの行動、思考、感情などの側面を観察し、報告を行う。

③ トークン・エコノミー法では、レスポンデント条件づけの原理を用い、望ましい行動を示した場合に強化報酬を与える。

④ モデリングでは、クライエント自身が直接経験しなくても、他者（モデル）の行動を観察することで新しい行動の習得につながる。

⑤ 行動実験では、言葉による行動調節機能を用い、クライエントが自分自身に適切な教示を与えることによって治療効果を引き出す。

解説＆テクニック

問題 1　正答④

①×　条件づけ理論ではなく、自動思考や認知療法というキーワードである。

②×　自己教示訓練法である。

③×　パーソナル・コンストラクト理論である。

④○　適切である。

⑤×　EPI や EPQ などである。自己教示訓練ではない。

Bower, G.H. の感情ネットワークモデルを知っていれば積極的に○を付けられますが、知らなくても消去法で正答できます。今回は人名かキーワードのどちらかが基本的なものだったので、それで消していきましょう。①は自動思考、もしくは認知療法がない時点で×。②は自己教示訓練でないので×。③は知らない方もいるかもしれませんが、論理情動行動療法は Ellis, A. が有名なので×。⑤も自己教示訓練ではないので×を付けます。残った④が正解です。

点に差がつくミニ知識

問題 1 のキーとなった自己教示訓練とは、認知行動療法モデルに基づく行動療法の一技法です。言葉による行動調節機能を取り込み、クライエントが自分自身に適切な教示を与えることによって適切行動の獲得と遂行を容易にすることを狙った治療法です。重要な 4 つの要素は①モデリング、②行動リハーサル、③段階的な練習、④社会的強化です。この 4 つの要素も出題される可能性があるために押さえておきましょう。

問題２　正答②④

①×　「それに代わる機能的な認知」を見つけるのではなく、機能的な認知に修正をしていく。

②○　適切である。

③×　レスポンデントではなくオペラントである。

④○　適切である。

⑤×　行動実験ではなく、自己教示訓練である。

消去法で解いていきます。①は解説のとおりであり、③は頻出の問題です。⑤は問１の「点につながるミニ知識」で解説した自己教示訓練が頭に入っていれば×を付けることができます。

キーワード解説

選択肢⑤の行動実験とは、修正した機能的な認知（考え方）に基づき、「新しい行動」を実生活の中で試してみることをいいます。行動実験をして得られた結果をさらに観察し分析していきます。

3 人間性心理学（1）

人間性心理学とは

人間の肯定的側面を強調した心理学の流れである。精神分析、認知行動療法に続く第三勢力と位置づけられる。人間性心理学に属する理論・療法には、実存分析、現存在分析、来談者中心療法、ゲシュタルト療法、交流分析、エンカウンターグループ、フォーカシングなどがある。

問題 1（2018 年追問 80）

人間性心理学の特徴として、最も適切なものを１つ選べ。

① 科学的であることを強く主張する。
② 人間の健康的で積極的な側面を強調する。
③ 価値や未来よりも過去や環境を重視する。
④ 代表的なものとしてアフォーダンス理論がある。
⑤ 動物と比較して人間らしい性質を系統発生的に明らかにする。

問題 2（2018 年問 121）

C.R. Rogers によるクライエント中心療法における共感的理解について、誤っているものを１つ選べ。

① 建設的な方向に人格が変容するために必要な条件の１つである。
② セラピストが共感的理解をしていることがクライエントに伝わる必要がある。
③ セラピストの内的照合枠に沿って、クライエントが感じている世界を理解することである。
④ クライエントの内的世界を「あたかもその人であるかのように」という感覚を保ちながら理解することである。

解説＆テクニック

問題１　正答②

基本的な問題であり、積極的に②を選べます。

点に差がつくミニ知識。

アフォーダンスとは、環境が動物、人に対して与える「意味」のことです。例えば私たちはマグカップに取っ手があれば、「ここを持てば良いのだな」と説明されなくてもわかります。これを敷衍すれば、生物は環境の中で柔軟に適合的行動をとっているというわけではなく、環境とは様々な異質な要素が絡まりあったものであることを意識し、共生していく視点も必要であることがわかります。

問題２　正答③

①②④○　適切である。

③×　セラピストの内的照合枠ではない。

有名な内容であり、正答したいところ。「治療上のパーソナリティ変化の必要にして十分な条件」の中で、「⑤セラピストは、クライエントの内的照合枠を共感的に理解しており、この経験をクライエントに伝えようと努めていること。」があり、③は×だとわかります。その他の条件においても以下の「点に差がつくミニ知識」を確認して、押さえておきましょう。

点に差がつくミニ知識

Rogers, C.R. は様々な考えを統合する形で「治療上のパーソナリティ変化の必要にして十分な条件」という論文を発表しました。その中で、建設的なパーソナリティ変化が起こるためには、次のような条件が存在し、それがかなりの期間継続することが必要であるとし、次の条件を示しました。①２人の人が心理的な接触をもっていること。②第１の人（クライエントと呼ぶことにする）は、不一致の状態にあり、傷つきやすく、不安な状態にあること。③第２の人（セラピストと呼ぶことにする）は、その関係のなかで一致しており、統合していること。④セラピストは、クライエントに対して無条件の肯定的配慮を経験していること。⑤セラピストは、クライエントの内的照合枠を共感的に理解しており、この経験をクライエントに伝えようと努めていること。⑥共感的理解と無条件の肯定的配慮が、最低限クライエントに伝わっていること。

上記の６つは出題される可能性が非常に高いので、押さえておきましょう。

4 家族療法

家族療法とは、個人や家族が抱える様々な心理・行動的な問題を家族という文脈の中で理解し、解決に向けた援助を行っていく対人援助方法論の総称である。様々な理論や技法があり、多様な家族援助の考え方の上位概念として捉える。

問題 1（オリジナル）

家族療法に関する以下の臨床家と学派の組み合わせのうち、不適切なものを１つ選べ。

① Haley ― 戦略派
② Palazzoli ― ミラノ学派
③ Bowen ― 多世代派
④ Minuchin ― 構造派
⑤ Ackerman ― コミュニケーション学派

問題 2（2018 年追問 86）

家族システム論について、最も適切なものを１つ選べ。

① 家族システムには上位システムと下位システムがある。
② 家族成員間の境界があいまいな家族を遊離家族という。
③ G. Bateson の一般システム理論の影響を受けて発展してきている。
④ 家族の中で問題行動や症状を抱える人を FP〈Family Patient〉という。
⑤ 家族内で､1つの原因から１つの結果が導かれることを円環的因果律という。

COLUMN

家族療法においては、一般的なカウンセリングではCl（クライエント）と呼ぶ人をIP（Identified Patient：患者とみなされた人）と呼び、援助を行っていきます。例えば、不登校の子どもの問題で来談した家族において、家族療法の場合は家族システムの中で、この不登校になった子どもはたまたま症状を出した人として捉え、このIPだけの問題として捉えるのではなく、このIPがよりよく機能できるように、家族全体のシステムの問題として捉え、援助を行っていきます。

解説＆テクニック

問題1　正答⑤

①②③④○　適切である。

⑤×　精神力動的家族療法である。コミュニケーション学派はJacksonである。

基本的な知識なので、この問題を通じて各学派の名前と、その代表的な心理学者の名前をつなげておきましょう。

点に差がつくミニ知識

家族療法は様々な理論、技法があり、統一されたものはありません。そのため、介入技法などについて詳細に問われることは少なく、出題されるとしても知識面が中心になると考えられます。合格のためには、まず概要を把握する必要があります。

問題2　正答①

①○　適切である。

②×　遊離状態は世代間境界が極端に硬直して相互の交流が十分にとれない状態を言う。

③×　一般システム論ではなく、二重拘束説である。

④×　IPである。

⑤×　1つの原因から1つの結果は直線的因果律である。

少し難しい問題ですが、消去法で正答することはできます。③④⑤は基本的な事柄なので、容易に×を付けることができます。①を知らなくても②は「遊離」とあるため、国語力を使って世代が「遊離」している状態を推測しましょう。

点に差がつくミニ知識

家族療法の下位システムとは「親」「子」、「夫婦」、場合によっては「ペット」なども含まれるもので、それらの上位システムとして「家族」があると捉えます。つまり、下位システムの集合体が上位システムなのです。

5 事例問題

心理に関する支援では、多くの事例問題が出題されている。事例問題の得点は3点であり、かつ常識力で解ける問題も多いため、ぜひ正答したい。キーワードなどを抜粋した問題でお伝えする。

問題 1（2018 年追問 75）

45 歳の女性。もともと緊張しやすい性格である。5 年前、現在の会社に転職した頃に頭痛が続いたことがあったが、鎮痛薬を飲んでいるうちに消失した。3 か月前に他部署から異動してきた部下の女性の仕事ぶりに対して不満を感じるが我慢をしていた。頭を締めつける頭痛が毎日のように 3〜4 時間続くようになった。鎮痛薬を頓用していたが軽減しなかった。心療内科を受診後、公認心理師を紹介された。

公認心理師が行う提案として、適切なものを2つ選べ。

① 部下の女性と接する機会を減らす。
② 鎮痛薬の定期的な服薬によって痛みを減らす。
③ 漸進的筋弛緩法によって心身の緊張を和らげる。
④ 頭痛日誌によって状況と頭痛の強さの関連を理解する。
⑥ 不満を言わないで済むように部下の女性の気持ちを理解する。

問題 2（2018 年追問 140）

20 歳の男性 A、大学生。最近、気分が落ち込むことがあり、学生相談室を訪れた。以下に A と公認心理師 B との対話の一部を示す。

B：一番気持ちが動揺するのは、どんなときですか。
A：成績が悪かったときや女の子にふられたときですね。
B：例えば、成績が悪かったとき、頭に浮かぶのはどんな考えですか。
A：みんなが僕を軽蔑していると考えます。僕は負け組だって。
B：女の子にふられたとき、頭に浮かぶのはどんな考えですか。
A：大した奴じゃないということ。男としての価値がないんですよ。
B：今のいくつかの考えに、何か繋がりが見えますか。
A：僕の気分は他の人が僕をどう見ているかに左右されてるんじゃないでしょうか。

この対話でBが用いている技法として、正しいものを1つ選べ。

① 構造化面接
② 問題解決技法
③ 誘導による発見
④ モデリングの実践
⑤ マインドフルネスの導入

問題3（2020年問138）

37歳の男性A、会社員。Aは、大学卒業後、製造業に就職し、約10年従事したエンジニア部門から1年前に管理部門に異動となった。元来、完璧主義で、慣れない仕事への戸惑いを抱えながら仕事を始めた。しかし、8か月前から次第に仕事がたまるようになり、倦怠感が強まり、欠勤も増えた。その後、6か月前に抑うつ気分と気力の低下を主訴に精神科を受診し、うつ病と診断された。そして、抗うつ薬による薬物療法の開始と同時に休職となった。しかし、主治医による外来治療を6か月間受けたが、抑うつ症状が遷延している。院内の公認心理師に、主治医からAの心理的支援が依頼された。

このときのAへの対応として、最も優先されるべきものを1つ選べ。

① 散歩を勧める。
② HAM-Dを行う。
③ うつ病の心理教育を行う。
④ 認知行動療法の導入を提案する。
⑤ 発症要因と症状持続要因の評価を行う。

解説＆テクニック

問題 1　正答③④

①×　会社の同僚なので、そんなに簡単に会う機会は減らせない。

②×　心理職の行う提案としての優先順位は低い。

③○　適切である。

④○　適切である。

⑤×　女性の気持ちを理解するが、目的は「不満を言わないで済むように」ではない。

国語力、常識力、そして「心理職の試験である」という意識で正答できます。事例問題は「私には知らない領域だ」とそれだけで諦めてしまう方もいますが、非常にもったいないです。上記のように、知識がなくても正答できる問題が多くあります。

点に差がつくミニ知識

漸進的筋弛緩法とは、筋肉の緊張と弛緩を繰り返し行うことにより身体のリラックスを導く方法です。筋肉の完全な弛緩を誘導するために、各部位の筋肉を数秒間緊張させた後に弛緩することを繰り返していきます。認知行動療法の系統的脱感作法でも用いられることが多い方法です。

問題 2　正答③

国語力で対応可能です。「この対話でＢが用いている技法として」とあるので、会話を読めば、容易に③だとわかります。事例問題について、比較的容易に解答できるようになれば、事例の中で用いられている用語について知識を深めていくようにしましょう。理由として、出題者が実際の面接場面などで必要としていると考えられるものだからです。今後、出題される可能性が高いので、ぜひ次の「マインドフルネス」などのように事例から学んでいくことを大切にしていきましょう。

点に差がつくミニ知識

マインドフルネスは近年、臨床心理士試験においても出題されており、押さえておく必要があります。マインドフルネスとは、今現在において起こっている経験に注意を向け、気づきを得る方法であり、訓練を通じて発達させることができます。マインドフルネスについて確立された定義は今のところありませんが、「今、この瞬間の体験に意図的に意識を向け、評価をせずに、とらわれのない状態で、ただ観ること」と説明されることがあります。マインドフルネスをベースにMBSR（マインドフルネスベースドストレス低減法）、MBCT（マインドフルネスベースド認知療法）などが作られ、そしてACT（アクセプタンス＆コミットメントセラピー）やDBT（弁証法的行動療法）などもマインドフルネスがベースになります。

問題３　正答⑤

①×　散歩で回復するならこれほど長く症状が持続していない。
②△　わからない用語は△。
③△　とりあえず△だが、②と比較して×の可能性を念頭に置く。
④△　とりあえず△だが、②と比較して×の可能性を念頭に置く。
⑤○　時系列から判断する。

休職して６か月治療を受けても症状が持続していることから、①は×を付けられます。残りの選択肢はいずれも×を付けづらいので迷った方も多いと思いますが、設問は「最も優先される」であるので、時系列を考えます。⑤発症要因と症状持続要因の評価を行うことを検討し、その中で必要に応じて② HAM-D（ハミルトン抑うつ尺度）を行います。その結果、必要と判断されれば③うつ病の心理教育、もしくは④認知行動療法の導入を提案する、となるでしょう。したがって、「最も優先される」のは⑤と判断します。

CHAPTER

7 健康・医療に関する心理学

1 ストレス

ストレスは一連の生理的なプロセスであり、様々な要因が関与して起こる、一連の複合的な現象である。ストレスには暑さ寒さや騒音などから来る物理的ストレス、公害や悪臭から来る化学的ストレス、疲れや飢餓などから来る生理的ストレス、不安や葛藤などから来る心理・社会的ストレスなどがあるが、適度な刺激となってパフォーマンスを促進する良性のストレスもあれば、心身をむしばむ悪性のストレスも存在する。

ストレスにさらされると、体の中では様々な反応が現れる。ステロイドホルモンの一種であるグルココルチコイド（コルチゾール）はストレスに対する適応ホルモンであり、短期ストレスに対する有効性が大きい。しかしストレスが長期化し、このホルモンが長期にわたって分泌され続けると、血圧の上昇、糖尿病、免疫系の低下などの悪影響が現れるようになる。

また、ストレスを自ら作り出しやすい特性であるタイプA行動パターンについても合わせて確認しておきたい。

問題 1 (2018年追問100)

ストレス反応について、正しいものを1つ選べ。

① 甲状腺ホルモンは代謝を促進する。
② コルチゾールは肝臓における糖分解を促進する。
③ コルチコトロピン放出ホルモン〈CRH〉は下垂体後葉を刺激する。
④ ストレスに長期間暴露され、疲弊状態になると免疫系が活性化される。
⑤ ストレス反応の第1段階は短時間で終わる視床下部からのホルモン分泌である。

問題 2（2020 年問 126）

DSM-5 の急性ストレス障害〈Acute Stress Disorder〉について、正しいものを 1 つ選べ。

① 主な症状の 1 つに、周囲または自分自身の現実が変容した感覚がある。

② 心的外傷的出来事は、直接体験に限られ、他者に生じた出来事の目撃は除外される。

③ 6 歳以下の場合、死や暴力、性被害などの心的外傷体験がなくても発症することがある。

④ 心的外傷的出来事の体験後、2 週間以上症状が持続した場合は心的外傷後ストレス障害〈PTSD〉に診断を切り替える。

問題 3（2018 年追問 130）

タイプ A 型行動パターンについて、正しいものを 2 つ選べ。

① M. Friedman が提唱した性格傾向である。

② 時間的切迫感、感情抑制、他者評価懸念及び社会的同調性の特徴を持つ。

③ 1950 年代の最初の報告以来、心筋梗塞の発症に関わることが一貫して示されてきた。

④ 行動パターンを変容させる介入研究により、心筋梗塞の再発を抑える効果が示されている。

⑤ 複数の特徴のうち、時間的切迫感が心筋梗塞発症の最も強いリスク要因であることが示されている。

解説＆テクニック

問題１　正答①

①○　甲状腺ホルモンには、新陳代謝の過程を刺激し促進する作用があるということを知っていれば、ストレス反応について知らなくても解ける問題である。ただし、知識がないとこの選択肢に○を付けることはできないため、もしわからなければ一旦保留とする。

②×　コルチゾールは副腎皮質から分泌されるステロイドホルモンの一種で、タンパク質をグルコースへ変換してエネルギー源とする。ただしコルチゾールの働きを知らなくても、肝臓の主な機能は代謝、解毒、胆汁の生成と分泌であり、糖分解をメインに行う器官ではないことに気づけば×を付けることが可能である。

③×　コルチコトロピン放出ホルモン〈CRH〉は、副腎皮質刺激ホルモン放出ホルモンといい、視床下部から分泌され、脳下垂体前葉に作用する。このホルモンの名前や作用を知らなかった場合は解答を一旦保留とする。なお、ストレッサーによって視床下部から放出され脳下垂体後葉を刺激するのはアルギニンバソプレシン（AVP）である。

④×　ストレスで体調を崩す人がいることなどから、ストレスに長期間さらされた疲弊状態で免疫系が活性化するはずはないという常識的な判断で×を付けることが可能な選択肢である。

⑤×　ストレッサーにさらされると、まずショック相として体温や血圧などが低下し、胃腸の潰瘍などの急性ストレス反応が起こる。続くアンチ・ショック相で、低下した生体維持機能を補うリバウンドが起こり、ここで抗ストレスホルモンの分泌が盛んになり、抵抗力が高まる。ホルモンは体内のホメオスタシスを維持する役割を担っているのだということを思い出せれば、ストレス反応の第一段階でホルモン分泌が起こるという表現がおかしいことに気づくことができるだろう。

ストレス反応について問われている問題ですが、常識の範囲で除外できる選択肢もあります。とりあえず①と③まで選択肢を絞り込むのが理想です。①と③はいずれも知識がないと正誤の判断が難しいですが、あまりにマニアックであったり細かい表現が入っている文章は、それを正答だと判断できる人が少ないと考えられることから、もう一方の選択肢が確実に×でない限り、マニアックで細かい表現の文章の方に×を付けて進むのが賢明です。

点に差がつくミニ知識

ストレス理論における人物とキーワード

以下はストレス理論の提唱者とそのキーワードです。
人物の名前と理論の内容はざっくりとチェックしておきましょう。

Cannon, W.B.	闘争―逃避モデル
Selye, H.	生理的ストレスの理論、汎適応症候群の概念
Holmes, T.H.&Rahe, R.H.	社会的再適応評価尺度
Lazarus, R.S.	心理社会的ストレス理論

キーワード解説

汎適応症候群：GAS

Selye, H. は、動物を被験体とした様々のストレス実験から、刺激の種類が何であっても共通して生じる生体反応のパターンを見出し、これを汎適応症候群（general adaptation syndrome; GAS）と呼びました。どのような順にどのような反応が現れると考えられているのかをチェックしておきましょう。

警告反応期	危急反応（emergency reaction）が生じる時期。まずショック相、ついでアンチ・ショック相が訪れる。
抵抗期	アンチ・ショック相と似た、抵抗力の高い状態が維持される。当該のストレッサーに対しては対応できるが、新たなストレッサーに対しては脆弱。
疲憊《はい》期	抵抗力が落ち、適応反応を維持できなくなる。この期に入ってもストレッサーが与えられ続けると、疲憊して命を落とすこともある。

問題２　正答①

①○　正しい。他者の視点から自分を見ている、ぼーっとしているなどの解離症状は主な症状の１つである。

②×　直接体験のほか、他人に起こった出来事の目撃、近親者または親しい友人に起こった出来事を耳にした場合なども含まれる。

③×　誤りである。

④×　急性ストレス障害は3日から1か月までの期間持続する特徴的な症状の発現が基本的な特徴である。症状が1か月を超えて持続し、心的外傷後ストレス障害の診断基準を満たす場合は、心的外傷後ストレス障害へと診断が変更される。

急性ストレス障害と心的外傷後ストレス障害についての知識が問われている問題ですが、常識の範囲内でも解答を絞り込むことが可能です。命の危険にさらされたり重傷を負うなどした場合、しばらくの間は時間の流れがいつもと違うように感じたり、自分が自分でないような感覚に陥るなど、周囲や自分自身の現実が変容してしまったかのような感覚に陥るであろうことは想像可能でしょう。その状況を思い描くことができれば、他の選択肢を読まずとも①を選ぶことができます。

キーワード解説

社会的再適応評価尺度

Holmes, T.H. と Rahe, R.H. は約 400 人の男女を対象に、ストレッサーになりうる日常のライフイベントについて、結婚後にそれまでの日常生活パターンに戻るまでに要するエネルギーを 50 点とした場合、他の様々な出来事が何点くらいのストレス値（life change unit score）になるかを評価してもらいました。そして、過去 1 年間のストレス値の合計が 200 点から 299 点だった人の約 50%、300 点以上だった人の約 80% が、それぞれその後の 1 年間に心身の健康障害（病気）に罹《り》患したことを報告しました。

彼らが作成した社会的再適応評価尺度には、「離婚」「失業」「退職」などの大きなライフイベントだけでなく「クリスマス」や「休暇」など、必ずしもネガティブなイメージを持たれていないイベントも含まれている点が特徴です。

以下に特徴的な出来事とそのストレス値を挙げます。事例問題などで、これらのイベントについて言及されていた場合は、それらのストレス値の合計や大きさについて意識できるとよいでしょう。なお、配偶者と死別した場合、特に高齢の男性の死亡率が高くなるというデータが得られています。

社会的再適応評価尺度

出来事	ストレス値	出来事	ストレス値
配偶者の死	100	配偶者とのけんかの数	35
離婚	73	職場での責任の変化	29
別居	65	息子や娘が家を出る	29
家族の死	63	親戚とのトラブル	29
結婚	50	労働条件の変化	20
失業	47	睡眠習慣の変化	16
妊娠	40	食習慣の変化	15
新しい家族ができる	39	休暇	13
仕事の変更	36	クリスマス	12

(Holmes, T.H.&Rahe, R.H., 1967 より一部抜粋)

問題３　正答①④

①○　タイプＡ行動パターンは、Friedman, M. と Rosenman, R.H. が行った冠動脈性心疾患に対する研究による。人名に関する選択肢であるため、知識が無い場合は一旦保留にするしかない。ただし、仮に知識があった場合でも、ここでは Friedman, M. の１名の名前しか挙げられていないため、正答候補としつつも一旦は保留しておくことになる。

②×　時間的切迫感は正しいが、感情抑制はタイプＣ行動パターンの特徴である。敵意や怒りといった感情表出がタイプＡの特徴であることから、選択肢を最後まで読まずとも除外することが可能である。

③×　タイプＡは1950年代に発見された、冠状動脈症にかかりやすい人の心理・行動的特徴である。自らストレスの多い生活を選ぶことによって、血圧が上がったり脈拍が増え、心臓血管系に負荷がかかる。心筋梗塞の患者にはタイプＡ行動パターンが多いことが指摘されているが、「最初の報告以来」「一貫して」という表現は怪しむべきである。男性のタイプＡでは虚血性心疾患発祥のリスクが高いことが報告されているものの、女性では統計的な有意差が見られなかったという研究もある。

④○　先行研究に関する知識がないと判断に迷うかもしれないが、誤りの選択肢である③が極端な断定系の文章であるのに対し、「介入研究により」「効果が示されている」と、マイルドな表現になっている点に注目したい。内容的にも妥当なものであることは、常識の範囲内でも判断できるだろう。

⑤×　「複数の特徴」とあるため、タイプＡの特徴について複数知っていれば有

利な問題であるが、時間的切迫よりも、敵意や怒りといった激情の方が生体に対して大きなストレスとなりえるのではないかという推測ができれば、「最も強いリスク要因」という部分に違和感を覚えることができるはずである。

まず、明らかに誤りである②を除外し、③と⑤も表現が極端であることから速やかに除外できることが望ましいです。残りの①と④のうち、④は内容から考えて妥当であることから、①もおのずと正答の選択肢ということが導き出されます。

点に差がつくミニ知識

行動の特性と疾病

Friedman, M. と Rosenman, R.H. によるタイプAおよびタイプBについての研究の内容と、1970年代以降から注目されてきたタイプC行動パターンについて内容を確認しておきましょう。

タイプA 行動パターン	・競争心が強い。 ・野心的で、常に目的達成のために努力している。 ・いつも時間に追い立てられているような切迫感がある。 ・攻撃的で敵意を持ち、他人に寛容的でない。 ・常に行動していないと落ち着かない。 ・心身ともに過敏な反応をしやすい。 ・概して積極的で外交的。 ・心血管疾患にかかりやすい。
タイプB 行動パターン	・タイプAの逆。 ・積極的であったとしても、タイプAのように本人をせき立てたり、苛立ちや激怒を引き起こしたりはしない。 ・攻撃的でない。 ・余暇時間に、罪悪感なしにくつろぐことができる。
タイプC 行動パターン	・Cはがん（cancer）の頭文字。がんにかかりやすい人（免疫機能が低下しやすい人）、免疫機能不全によって起こる病気にかかりやすい人、メラノーマ（悪性腫瘍）ができやすい人に共通して認められる行動パターンだとされる。 ・敵意などを表出するタイプAとは、感情表出の次元で反対の極に位置し、感情抑圧の傾向が強い。 ・自らの感情の表出を極力モニターしない。 ・人間関係に安定をもたらすことを優先するため、感情を抑える対処方略を採用しやすい。

2 ストレスコーピング

ストレスは我々の体に様々な影響を与えるが、騒がしい環境の中でもそれを気にしない人と気になってしまう人がいるように、同じ状況に置かれても、それをどの程度ストレスと感じるかには個人差がある。人が社会の中で生きている以上、ある程度のストレスは避けられないものであるため、ストレスに対処するための方法を身につけることが大切になってくる。

問題 1 (2018年問95)

ストレスコーピングについて、正しいものを1つ選べ。

① 状況が変わっても、以前成功したコーピングを実行した方がよい。
② ストレッサーに対して多くの種類のコーピングを用いない方がよい。
③ コーピングを続けているうちに疲労が蓄積することを、コーピングのコストという。
④ コーピングの結果は、二次的評価というプロセスによって、それ以降の状況の評価に影響を与える。
⑤ 一時的に生じたネガティブな感情を改善するコーピングは、慢性的なストレス反応の改善には効果がない。

問題 2 (2018年追問112)

コーピングについて、誤っているものを1つ選べ。

① ストレスフルな事態に対して行う認知的行動的努力である。
② ストレスフルな事態そのものに焦点を当てたコーピングを問題焦点型コーピングという。
③ ストレスフルな事態を過度に脅威的だと評価すると、選択できるコーピングの幅が狭くなる。
④ 事態に応じて柔軟に適切なコーピングを選択できることはストレスマネジメントの重要な側面である。
⑤ 解決が困難な事態では、問題焦点型コーピングが情動焦点型コーピングよりもストレス反応の低減効果が大きい。

解説＆テクニック

問題１　正答③

①×　ストレスの種類は様々であるので、常に同じ方法が有効であるわけではないということは、常識の範囲でも導き出せる。有効なコーピングの種類は、空腹によるストレスと対人関係のストレスの時とでは当然変わってくる。「状況が変わっても」というところから、誤りであると判断できるだろう。

②×　例えばストレスを解消するための方法にしても、一つだけではなく複数持っていたほうが良いはず、という常識の範囲で除外することができる選択肢である。

③○　用語に関する問題であるため、知識がないと除外しきれない。わからなかった場合は一旦保留にしておこう。ただし、コストというのは一般的に費用のことで、コーピングを続けているうちに疲れてしまうことが、コーピングのデメリットすなわちコストにあたるということがわかれば、知識がなくてもこれが正しそうだという判断ができるだろう。

④×　二次的評価とはコーピングの前の、ストレス状況の認知的評価の段階で生じるものである。ストレスモデルに関する知識がないと×を付けるのは難しいかもしれないが、「コーピングの結果」が「それ以降の状況の評価」に影響を与え続けるということがあり得るだろうか、というあたりから、正解とするには表現が怪しいとして除外できるのが望ましい。

⑤×　ストレッサーに対しては多くの種類のコーピングを用いたほうが良い、ということが②の判断によって導き出せていれば、一時的なストレスに対するコーピングが、慢性的なストレス反応の改善に効果がないとは言い切れないことがわかるため、×を付けることが可能である。

コーピングとは、困難や問題を克服しようと努力することです。ここではストレスに対するコーピングについて正しいものを１つ選べば良いので、怪しい選択肢はどんどん除外していきましょう。

知識がないとやや判断が難しい問題ですが、常識の範囲内で素早く①②⑤を除外し、③か④かで考えていきたいところです。

キーワード解説

Lazarus & Folkman (1984) のストレスモデル

ストレッサーにさらされた者は、ストレス状況の認知的評価 (cognitive appraisal) を経てコーピングの内容を決定するという考え方。その認知的評価には、一次的評価と二次的評価が含まれ、その評価によってコーピングの内容が決定される。

一次的評価：そのストレスが自分にとってどれほどの影響を与えるかを評価する。

二次的評価：そのストレスを自分で統制できるかどうかを評価する。

問題２　正答⑤

①○　正しい記述である。コーピングには行動的なものだけでなく、認知的なものも含まれる。

②○　正しい記述である。①同様、違和感のない表現と文章である。

③○　一般的に、脅威を感じるものに追い詰められると心に余裕がなくなって視野が狭くなってしまうはず、ということに気がつけば、この選択肢も正しい記述であることがわかるだろう。

④○　常識的に考えても、正しいことが述べられているのに気がつくはずの選択肢である。

⑤×　知識があることが望ましいが、なかった場合でもまず②の内容が正しいと判断した時点で、「問題焦点型」とはストレッサー自体に焦点を当てること、「情動焦点型」とはストレスを感じている気持ちの方に焦点を当てることなのだろうということに気づきたい。その上で、「解決が困難な事態」なのであればその事態にフォーカスする問題焦点型のコーピングは困難であるということが分かるので、この文章の内容が誤りすなわち、この問いにおいて選択すべき選択肢であるとわかるはずである。

ストレスに関する知識がなくても、常識の範囲内で正答を導き出すことが可能な問題です。ストレートに⑤が誤りであると判断できるのが望ましいですが、もし迷った場合でも②の内容が正しいのであれば⑤の内容はおかしい、と気づくことができるでしょう。

点に差がつくミニ知識

ストレスコーピングの８つの型

Lazarus, R.S. はストレスコーピングとして８つの型を挙げています。様々な型が挙げられていますが、大切なのは、その時々の状況に合った対処法を適切かつ柔軟に使用することです。

全ての名前と内容を暗記する必要はありませんが、どのようなコーピングの型があるのかは確認しておきましょう。

計画型	問題解決に向け、計画的に様々な方法を検討していく。
対決型	問題に対し、失敗する可能性や危険を理解した上でぶつかっていく。
社会支援模索型	問題解決のために、他者や専門家の援助を求める。
責任受容型	問題の責任は自分にあると考え、反省し謝罪する。
自己コントロール型	自分の感情や行動の表出をコントロールする。
逃避型	問題から逃げ出すことを考えたり、問題を忘れるためにアルコールや薬物を利用したり、他者に八つ当たりしたりする。
離隔型	問題は自分とは関係ないと思うことで、苦しみを遠ざけようとする。
肯定的再評価型	問題や困難の後には成長や発展があると考える。

3 心身症

心身症とは

世界保健機関の『疾病及び関連保健問題の国際統計分類』（ICD）やアメリカ精神医学会の『精神障害の診断と統計マニュアル』（DSM）では心身症の病名は存在しない。心身症とは、身体疾患のうちその発症や経過に心理社会的要因が密接に関与し、器質的ないし機能的障害が認められる病態のことであるが、神経症やうつ病など、他の精神障害に伴う身体症状は除外される。心身症とは病態であるため、特定の症状を持った１つの病名ではない。身体疾患の中で心理社会的要因が密接に関与しているものが心身症として診察されるため、例えば胃潰瘍（心身症）などと表記される。心身症との関連で考える必要がある病気は多く、外科や内科、耳鼻科や歯科口腔外科など広範囲にわたる。

問題 1（2018 年問 129）

心身症について、正しいものを2つ選べ。

① 社会的に不適応を来すことが多い。

② リラクセーション法の有効性が高い。

③ 発症や経過に心理社会的要因が関与する身体疾患のことである。

④ 発症の契機が明らかになると、改善の方法も明らかになることが多い。

⑤ 病気の症状と心理社会的要因との間には象徴的な関連が認められることが多い。

問題 2（2018 年問 141）

21 歳の男性 A、大学生。A は学生相談室に来室した。以前から緊張すると下痢をすることがあった。就職活動の時期になり、大学で面接の練習をしたときに強い腹痛と下痢を生じた。その後、同じ症状が起こるのではないかと心配になり、外出前に頻回にトイレに行くようになった。さらに、人混みでは腹痛が生じるのではないかと心配になり、電車やバスに乗ることも避けるようになった。消化器内科を受診したが、器質的な異常は認められなかった。

このときの学生相談室の公認心理師が A に対して最初に行う助言として、最も適切なものを 1 つ選べ。

① 腹痛が気になる状況や、その際の心身の変化などを記録する。

② 心身の安定を実現するために、筋弛緩法を毎日実施するようにする。

③ 苦手な状況を避けているとますます苦手になるため、積極的に行動するようにする。

④ 腹痛を気にすればするほど緊張が高まってしまうため、なるべく気にしないようにする。

⑤ 下痢をしやすい間は安静にしたほうがよいため、しばらくは外出を控えるなど無理をしないようにする。

解説＆テクニック

問題1　正答②③

①×　心身症では、社会的に過剰適応傾向があることが知られている。頑張りすぎて胃潰瘍になる、本人は頑張りたい気持ちがあるのに過敏性腸症候群になる、などの具体例を思い出せば、この選択肢を除外することができるだろう。

②○　心身症には心理社会的要因が関与していることから、リラクセーションの有効性が高い。常識の範囲でも、これを正答とすることが可能である。

③○　正しい記述である。心身症とは身体疾患であるということが理解できていれば、これを正答とすることが可能である。

④×　発症の契機が明らかになったとしても、症状として現れる様々な身体疾患に対処するための方法も様々である。したがって発症のきっかけを明らかにすることで、おのずと改善の方法も明らかになるわけではないことがわかるだろう。

⑤×　病気の症状と心理社会的要因との間には象徴的な関連が認められるわけではない。胃潰瘍や過敏性腸症候群、本態的高血圧など、代表的な心身症の例を思い出すことができれば、この選択肢が誤りであると気づくことができるだろう。

心身症の知識があれば素早く回答することが可能ですが、たとえ知識がなかったとしても、常識の範囲から②が正しいことと④⑤が誤りであることを素早く見抜き、①と③を見比べて③の方がより適切であることを見抜きましょう。

点に差がつくミニ知識

心身症と神経症

心身症と神経症の違いと、治療の方向性を理解しておくと、対応できる問題の幅が広がります。

全て暗記する必要はありませんが、少なくとも代表的な心身症とアレキシサイミヤの関係については押さえておきましょう。

心身症と神経症の差異（中川の分類より）

従来の考え方	心身症	神経症
症状の種類	身体症状の比重が大きい	精神症状の比重が大きい
症状の性質	特定の器官に固定 持続的	症状が多発し移動しやすい 一過性
障害の程度	しばしば器質的障害を伴う	機能的障害
原因、症状形成のメカニズム	体質的・身体的な基礎に心理的・情動的要因が加わる	心因性
治療	心身両面から総合的に治療	心理療法中心 補助的に向精神薬を使用
新しい考え方		
情動の認知	（±）～（－）	（3＋）～（＋）
情動の言語化	（±）～（－）	（3＋）～（＋）
社会適応	過剰適応傾向	不適応傾向

点に差がつくミニ知識

心身症がよく見られる疾患

心身症との関連で考える必要がある身体疾患の例としては以下のようなものがあります。全て暗記する必要はありませんが、事例問題などでこれらに関する症状や訴えについて出題される可能性があるため、どのような疾患があるのか、ざっと目を通しておきましょう。

（内科系の疾患）

循環器系	本態性高血圧症、虚血性心疾患、冠動脈疾患（狭心症、心筋梗塞など）
呼吸器系	気管支喘息、過換気症候群、神経性咳
消化器系	過敏性腸症候群、消化性潰瘍（胃潰瘍、十二指腸潰瘍）、慢性胃炎
内分泌・代謝系	糖尿病、単純性肥満症、甲状腺機能亢進症
神経・筋肉系	自律神経失調症、筋緊張性頭痛、書痙

（臨床各科の疾患）

小児科	小児喘息、起立性調節障害、チック、心因性発熱、周期性嘔吐症
皮膚科	慢性蕁麻疹、アトピー性皮膚炎、円形脱毛症、多汗症
外科	腹部術後愁訴（いわゆる腸管癒着症）、頻回手術症
整形外科	腰痛症、頸腕症候群、慢性疼痛

泌尿器科	神経性頻尿、心因性インポテンツ
産婦人科	更年期障害、月経異常
眼科	眼精疲労、本態性眼瞼痙攣
耳鼻科	耳鳴、めまい、咽喉頭部異常感症
歯科口腔外科	顎関節症、特発性舌痛症、義歯不適応症

キーワード解説

アレキシサイミヤ：Alexithymia

アメリカのSifneos, P.Eらによって提唱された概念。日本では「失感情症」や「失感情言語（化）症」などと訳されます。自分の内的な感情への気づきと、その言語表現が制約された状態。

特徴としては

①想像力が貧弱で、心理的葛藤の言語化が困難

②情動の感受とその言語表現が制限される

③感情の表出に乏しい

④面接者とのコミュニケーションが困難

などが挙げられています。

Sifneos, P.Eらは、心身症の患者にはアレキシサイミヤの傾向が強いことを指摘しています。

問題２　正答①

①○　正しい記述であるが、１つ目の選択肢であるため、まずは候補として○を付けておいた上で、その他の選択肢を見ていくことになる。

②×　「心身の安定を実現するために」とあるが、心身症の特徴として自分自身の情動に対する認知の弱さがあるため、本人が心理的な問題に気づいていないうちに「心身の安定を実現するため」というのは不自然であることに気づきたい。

③×　まず最初に、この選択肢は内容からして誤りであることに素早く気づいて除外したい。

④×　心理師の助言として、本人が心配になっている気持ちに対して「なるべく気にしないように」というアドバイスを行うことは適切ではない。この選択肢も素早く除外したい。

⑤×　人混みで腹痛が起こることを心配しているため、このアドバイスは適切でないことがわかるだろう。「下痢をしやすい間」とあるが、「以前から」緊張によって下痢が起こっていたことと、「就職活動の時期」になって、また下痢が起こるようになったことからも、「しやすい間」という表現やアドバイスが現実的でないことがわかる。

「最初に行う助言」というのが回答のポイントになります。③④が正しくないことはすぐにわかると思います。⑤もその提案内容の非現実さから除外できます。残る①と②については、「最初に行う助言」としてどちらが適切かを考えることで、正答にたどり着けるでしょう。

点に差がつくミニ知識

心身症の治療

心身症は身体疾患であるため、まず薬物療法で身体症状を治療する、対処療法を行います。しかし、心身症の場合、薬で症状が治まったとしても、心理・社会的な問題に適切に対処できていないと再発の恐れがあるため、薬物療法と併せて非薬物療法（心理教育、自律訓練法などのリラクセーション法、認知行動療法など）や環境調整（家族療法や短期療法など）を行います。不安感などが症状の誘発や悪化の一因となっている場合は、認知行動療法を用いたり、自律訓練によって心の不安や緊張をほぐす手段を身につけたりします。また、交流分析や家族療法なども用いられることがあります。

4　生活習慣病

生活習慣病とは

がん、循環器疾患、糖尿病、COPD（慢性閉塞性肺疾患）などは生活習慣病と呼ばれ、その発症や悪化において個人の生活習慣や社会環境の影響が大きいことが知られている。厚生労働省の人口動態統計によると、生活習慣が主要な原因となるがん（悪性新生物）、心疾患、脳血管疾患による死亡率は全死亡数の5割以上を占めているため、生活習慣と社会環境の改善により、生活習慣病の発症・重症化の予防対策が推進されている（「健康日本21（第2次）」）。

問題 1（2018 年問 133）

2 型糖尿病について、正しいものを2つ選べ。

① ストレスは身体に直接作用して血糖値を上げる。
② うつ病を合併すると、血糖値は下がることが多い。
③ 肥満や運動不足によってインスリンの効果が低くなる。
④ 飲酒は発症のリスクを上げるが、喫煙は発症のリスクに影響しない。
⑤ 薬物療法が中心になるため、服薬管理が心理的支援の主な対象になる。

問題 2（2018 年問 64）

55 歳の男性 A、自営業。A は糖尿病の治療を受けていたが、その状態は増悪していた。生活習慣の改善を見直すことを目的に、主治医から公認心理師に紹介された。A は小売店を経営しており、取引先の仲間と集まってお酒を飲むのが長年の日課となっていた。糖尿病が増悪してから、主治医には暴飲暴食をやめるように言われていたが、「付き合いは仕事の一部、これだけが生きる楽しみ」と冗談交じりに話した。A は「やめようと思えばいつでもやめられる」と言っている。しかし、翌週に面接した際、生活習慣の改善は見られなかった。

まず行うべき対応として、最も適切なものを 1 つ選べ。

① 家族や仲間の協力を得る。
② 飲酒に関する心理教育を行う。
③ 断酒を目的としたグループを紹介する。
④ A が自分の問題を認識するための面接を行う。
⑤ A と一緒に生活を改善するための計画を立てる。

問題 3（2019 年問 115）

糖尿病について、誤っているものを 1 つ選べ。

① うつ病発症のリスクを高める。
② 認知症発症のリスクを高める。
③ 勃起不全発症のリスクを高める。
④ 肥満は 1 型糖尿病の発症リスクを高める。
⑤ 加齢は 2 型糖尿病の発症リスクを高める。

点に差がつくミニ知識

1型糖尿病と2型糖尿病

糖尿病は、その成因により、1型糖尿病、2型糖尿病、その他の特定の機序・疾患による糖尿病、妊娠糖尿病の4つに分類されます。特に問題として出題されやすい1型糖尿病と2型糖尿病について、整理して理解しておきましょう。

なお、2型糖尿病は1型糖尿病と異なり進行がゆっくりであるため、発症しても自覚症状がない期間が長い傾向があります。そのため発症に気づくのが遅れたり、早期に診断されても自覚症状がないせいで受診や治療を中断してしまうことが多いという問題があります。自覚症状が出現した時には既に合併症が存在したり、それが重症化していたりすることから、高血圧と同様に「サイレントキラー」と呼ばれることもあります。

	1型糖尿病	2型糖尿病
	膵β細胞の破壊により、インスリン分泌が急速・不可逆的に低下して高血糖となる	インスリン分泌障害とインスリン抵抗性の増大によって慢性の高血糖状態となる
割合	約5％	約95％以上
患者の特徴	主に小児～青年期 体型はやせ～正常	主に中高年 体型は正常～肥満体型
成因	自己免疫・遺伝因子など	遺伝因子・生活習慣
家族歴	少ない	高頻度にあり
症状の進行	多くは急激	初期は無症状 進行につれ症状が緩徐に出現
治療法	インスリン療法が中心 食事療法・運動療法 （経口血糖降下薬は無効）	病態に合わせて治療を選択し、血糖コントロールを図る 食事療法・運動療法 経口血糖降下薬 インスリン療法
インスリンの必要性	最終的に依存性となる （初期は非依存性のこともある）	非依存性が多い （重症化すれば依存性となる）

解説＆テクニック

問題１　正答①③

①○　ストレスがかかると、血糖値を上げるホルモンが分泌される一方でインスリン抵抗性が強くなり、血糖値が上がる。このメカニズムについての知識がなくても、ストレスがかかると、生体は危機的状況に対して「闘争や逃避」のための準備をとるわけなので、少なくとも血糖値を下げることはないはずだと判断できるだろう。

②×　糖尿病の人の2〜3割はうつ病を併発していることが報告されているが、うつ病によってもたらされる諸症状が新たなストレスとなり、さらに血糖値が上がることになる。①が正しいことが分かれば、おのずと②が誤りであることが判断できるだろう。

③○　正しい記述である。肥満や運動不足によってインスリンが効きにくくなり、細胞が糖を取り込みにくくなる（インスリン抵抗性の増大)。逆に運動をすれば、細胞が糖を取り込んでいくはず、ということに気づければ、これが正答だと見抜くことができる。

④×　２型糖尿病は生活習慣病であることから、飲酒も喫煙も体に悪いもの、すなわちリスク要因であるということは容易に判断できるだろう。

⑤×　ここまでの選択肢を見て、運動不足や飲酒、喫煙がリスク要因であることは明らかになっているため、服薬管理が「心理支援の主な対象」というのは不自然であることがわかるはずである。

２型糖尿病についての問題ですが、知識がなくても除外できる選択肢が含まれてます。

正しいものを２つ選ぶ問題であることから、明らかに誤りである④や⑤を素早く除外し、その後は「上げる」「下げる」といった言葉を読み間違えないように注意しながら正誤を判断していけばよいでしょう。①が正しいことに気がつけば、②はおのずと選択肢から外すことが可能です。

問題２　正答④

①×　長期的に見れば家族や仲間の協力を得ることも大切だが、家族や仲間の協力があっても、本人がそれに従わなければ意味をなさないため、「まず行う

べき対応」としてはふさわしくない。

②× 飲酒に関する心理教育も必要ではあるが、Aの問題は暴飲暴食であり、飲酒だけにあるのではない。また、本人は「やめようと思えばいつでもやめられる」と述べており、「やめる必要は無い」「やめるつもりは無い」と言っているわけではないため、これも「まず行うべき対応」としてはふさわしくない。

③× 断酒を目的としたグループを紹介することも場合によっては必要であるが、Aの問題は飲酒だけに限ったことではないため、「まず行うべき対応」からは除外される。また、グループに参加したとしても、本人のやめる動機づけが低い状態では、効果が期待できない可能性がある。

④○ Aに対しては様々な支援の方法があるが、まずはAが自分の問題を認識し、行動を変えるための動機づけを高めることなしには、どのような支援も徒労に終わる可能性がある。そのため、「まず行うべき対応」としては④がこの中で一番ふさわしいことがわかるだろう。

⑤× 生活を改善するための計画を立てることも必要ではあるが、Aは「やめようと思えばいつでもやめられる」と述べていることから、計画を立ててもそれが実行できずに終わる可能性がある。そのためこの選択肢も「まず行うべき対応」からは除外されるだろう。

「まず行うべき対応」という点が回答のポイントになりますが、明らかに間違いだと言い切れない選択肢も多いため、迷う可能性があります。この事例の中で、糖尿病のタイプについては明言されていませんが、Aは55歳で暴飲暴食をやめるよう主治医から指導されている、という点から、Aが2型糖尿病であろうことが読み取れます。

ポイントはAの「暴飲暴食」「長年の飲酒習慣」という生活習慣、「生活習慣の改善は見られない」「糖尿病の治療を受けている」こと、主治医から紹介されて面接に訪れ翌週も面接に来ているという状況、「やめようと思えばいつでもやめられる」と本人が考えている点です。しっかりと事例を読んで、状況を整理しながら取り組んでいきましょう。

Aはすでに糖尿病だと診断されていることから、ここで必要とされているのは二次予防なのだということにも気づけると良いと思います。

キーワード解説

一次予防、二次予防、三次予防

キーワードを手掛かりに、2型糖尿病の予防についての流れを押さえておきましょう。

なお、1型糖尿病は一次予防による予防が困難であることから、二次予防と三次予防がメインとなります。

発症以前から		
一次予防	生活習慣の改善による発症予防	（健康日本21に掲載されている目標） 成人の肥満者の減少 日常生活における歩数の増加 質量ともにバランスのとれた食事
糖尿病の発症から		
二次予防	早期発見、早期治療 合併症発症予防	健康診断受診者の増加 糖尿病検診における異常所見者の事後指導の徹底
糖尿病合併症の発症から		
三次予防	合併症予防 合併症進展防止	有病者に対する治療継続の指導の徹底 糖尿病合併症の発症の減少
QOLの低下・生命予後の悪化へ		

問題3　正答④

①②③○　正しい。

④×　2型糖尿病の患者は主に「正常～やせ」の範囲であることを知っていれば×であることがわかる。

⑤○　2型糖尿病は主に中高年に多く、生活習慣が主な成因であり高齢になるほど発症しやすくなる。

1型糖尿病と2型糖尿病の特徴について理解していれば、すぐに正答を導き出せます。「2型糖尿病は生活習慣と関係がある」という知識があれば、①②③の選択肢の真偽を判断することができなくても、⑤が正しく④が誤りであるという正答にたどり着くことができます。

5 がん（1）

日本においてがん（悪性腫瘍）は、1981年以降ずっと死亡原因の第一位である。がん死亡は毎年30万人を超えており日本人の3分の1はがんによって死亡していることになる。患者数も年々増加しており、毎年50万人以上が新たにがんと診断され、がんで治療中の人数は300万人を数えている。こうした現状を受け、2006年にがん対策の推進を目的とした「がん対策基本法」が成立し、2013年にはがん対策のための必要なデータを得ることを目的として「がん登録等の推進に関する法律（がん登録推進法）」が制定された。

インフォームドコンセントの導入によって情報公開を前提とした医療が導入される一方、がんの疑いが出てきた段階から、検査、診断、再発、積極的抗がん治療中止まで、各段階において患者はそれぞれ大きな心理的苦痛を感じている。そのため、がん治療と精神的なケアの両面から患者を支えていくことが必要である。

問題 1（オリジナル）

喫煙とがんの関係について、正しいものを2つ選べ。

① 消化器系のがん（胃がん、食道がん）による死亡のうち、喫煙が原因とされているのは男女ともに50％を超えている。

② たばこの煙には発がん物質のほか、発がん促進物質も含まれており、特に主流煙はその濃度が高い。

③ たばこに含まれるニコチンは「毒物及び劇物取締法」で毒物に指定されている。

④ 肺がん死亡のうち、男性の70％、女性の20％は喫煙が原因であるとされている。

⑤ 禁煙治療は保険適用の範囲外である。

問題 2（2018年追問26）

がん患者とその支援について、正しいものを1つ選べ。

① 合併する精神医学的問題は不安障害が最も多い。

② がんに起因する疼痛は心理的支援の対象ではない。

③ がん患者の自殺率は一般人口の自殺率と同等である。

④ がんに起因する抑うつに対しては薬物療法が支援の中心になる。

⑤ 包括的アセスメントの対象には、がんそのものに起因する症状と、社会経済的、心理的及び実存的問題とがある。

解説＆テクニック

問題 1　正答③④

①×　選択肢において「男女ともに」という表現は警戒したい。実際には、消化器系のがんによる死亡のうち、男性の 40 %、女性の 5 %は喫煙が原因とされている。しかしその知識がなくても、胃がんの主な原因はピロリ菌によるものであることを知っていれば除外できる選択肢である。

②×　たばこの煙には喫煙で体内に吸い込む主流煙と、たばこの先から立ち上る副流煙とがある。副流煙や受動喫煙の害については学校の保健体育のほかニュースなどでも取り上げられている内容であるため、常識の範囲内で真っ先に除外したい選択肢である。

③○　知識がないと迷う選択肢かもしれないが、未成年の喫煙が法律で禁止されていることや、たばこの健康警告表示などから正しい内容であると判断することが可能であろう。

④○　たばこと肺がんの関係については、しばしばニュースでも取り上げられていることから、前半は正しいことが分かるであろう。後半の女性の死亡率で迷うかもしれないが、消去法で正答につなげたい。

⑤×　これも、ニュースに敏感であれば誤りであると気づくことができる選択肢であるが、がんや受動喫煙防止に国を挙げて取り組んでいる現状から、誤りであることを見抜きたい。実際は、2006 年よりニコチン依存度の高い患者に対する禁煙治療に保険適用がなされるようになった。また、2016 年から診療報酬の算定方法が改正され、若年層のニコチン依存症患者に対しても治療が実施できるよう、対象患者の喫煙本数に関する要件が緩和されている。

喫煙とがんに関する問題ですが、義務教育レベルの知識でも絞り込める選択肢が多く含まれているため、確実に正答したいところです。

点に差がつくミニ知識

禁煙治療

日本循環器学会など9学会が2005年に作成した「禁煙ガイドライン」では「喫煙は喫煙病（依存症＋喫煙関連疾患）という全身疾患であり、喫煙者は積極的喫煙治療を必要とする患者である」という考えのもと、禁煙治療などの対策がまとめられました。

2006年より禁煙治療に保険適用がなされるようになりましたが、適応にはいくつかの条件があるほか、禁煙治療の保険診療を行う医療機関は、敷地内禁煙であるなどの施設基準を満たしている必要もある点をチェックしておきましょう。

保険診療上の適応条件（以下の①から③の全てを満たす必要がある）

①ニコチン依存症に係るスクリーニングテストでニコチン依存症と診断された者（10点中5点以上）

② 35歳以上の者については、ブリンクマン指数（＝1日の喫煙本数×喫煙年数）が200以上である者

③ただちに禁煙することを希望している者であって、「禁煙治療のための評価手順書」に則った禁煙治療について説明を受け、当該治療を受けることを文書により同意した者

なお、2016年から、34歳未満に対しては②の喫煙本数と喫煙年数による指数の条件が撤廃されています。

問題2　正答⑤

①×　がん患者に合併する精神症状で頻度が高いものは「うつ病」や、「抑うつ気分を主徴とする適応障害」であり、かなりの割合のがん患者が臨床的介入を必要とする病的な抑うつ状態を呈しているという。がんと診断されたら不安になるはず、と思ってしまうかもしれないが、パニック障害のような不安障害とうつ病は異なるため、言葉のイメージに引っ張られないようにしたい。

②×　がん治療にはしばしば痛みが伴うことが知られている。痛みに対するケアは当然心理的支援の対象になるはずであることから、比較的容易に選択肢から除外できる。

③×　がん患者には様々な苦痛が伴い、うつ病を併発することが多いことから考えても、自殺率が一般人口の自殺率と同等になるとは考えにくい。知識があ

れば容易に選択肢から除外することができるが、もし知識がなくても常識の範囲内で選択肢から除外できることが望ましい。

④×　抑うつに対しては、まず心理的支援が中心となることは、がん患者に限ったことではないため、この選択肢も常識の範囲内で選択肢から除外することが可能であろう。なお、特にがんの場合は医師に対する信頼感が増すことで、患者のうつが減少することが報告されている。

⑤○　包括的アセスメントに関する選択肢である。「心理的及び実存的」という言葉がわかりにくいかもしれないが、ここまでの段階で①②③④が選択肢から除外されていていれば、消去法でも⑤を選択することが可能である。

がん患者とその支援について、という問題ですが、一般的な知識の範囲内でも選択肢を除外していくことが可能な問題です。

点に差がつくミニ知識

がん検診

がん検診は、がんの早期発見や治療のために、健康増進法に基づく努力義務として市町村が実施しています。がんのタイプによっても異なりますが、一般的に検診で見つかった早期がんの予後は良いことが報告されています。厚生労働省が出しているがん検診の指針に基づき、各市町村は５つのがんについてがん検診を行っていますが、いかに受診率を上げるかなどが課題となっています。

がん検診の種類

種類	対象年齢	検診間隔
胃がん	40歳以上	1年に1回
肺がん		
大腸がん		
乳がん		2年に1回
子宮がん	20歳以上	

CHAPTER

8 福祉に関する心理学

1 貧困（生活困窮）

2015年4月に施行された生活困窮者自立支援法は、生活困窮者対策と生活保護制度の総合的な見直しに伴い整えられた法律である。同法に基づく「生活困窮者自立支援制度」では、生活困窮者を「現に経済的に困窮し、最低限度の生活を維持することができなくなるおそれのある者」としている。

問題 1（オリジナル）

Xは夫Yと結婚後、Yから暴言暴力を受けるようになった。双子の娘（1歳）も同様の対応を受けるようなった。そのため、Xは子どもを連れて別居生活を始めた。しかし、貯金も底をつき生活に困ったので、生活保護の申請をしに役所に来た。また、Xは離婚を希望しているもののYは同意せず、子どもとの面会を希望している状況である。役所の職員の対応として多職種連携の観点から適切なものを1つ選べ。

① 家庭裁判所に離婚訴訟の提起をする。
② 生活保護を受けるため、所定の施設の空き状況を確認する。
③ 家庭裁判所に養育費についての相談に応じるよう依頼する。
④ 女性センターに連絡して、支援を依頼する。
⑤ 児童相談所に連絡して、双子の一時保護を依頼する。

問題 2（オリジナル）

生活保護法に関する以下の記述で、適切なものを2つ選べ。

① 目的は、最低限度の生活を保障するとともにその自立を助長することである。
② 保護は基本的に個人を単位として行われるが、特別の場合には世帯を単位とする。
③ 被保護者とは、現に保護を受けている者のことである。
④ 問題行動等があるものは、保護の対象外である。
⑤ 保護の基準は、各自治体における審議を経て、条例で定められる。

解説＆テクニック

問題 1　正答④

①×　保護を行う役所の職員が行うことではない。

②×　生活保護を受けるのに、施設の入所は必須条件にはなっていない。

③×　保護を行う役所の職員が行うことではない。

④○　正しい記述である。

⑤×　保護を行う役所の職員が行うことではない。

生活保護の申請に来ている者がどのような問題を抱えているかという点を理解していれば、正答を導き出せます。本事例の問題点は、生活保護申請に至る前にDVがあったことです。それゆえ、その問題点に即したものを探せば④が正答と導き出せます。①③⑤については行き過ぎた行為です。②は知識を要する記述ではありますが、②と④ではどちらがよりこの事例の問題点に即しているかということが分かれば、②を消去できます。

点に差がつくミニ知識

以下、生活保護法の条文から、生活保護の原理原則を押さえておきましょう。

○生活保護の基本原理

①国家責任の原理（第 1 条）

この法律は、日本国憲法第 25 条に規定する理念に基き、国が生活に困窮するすべての国民に対し、その困窮の程度に応じ、必要な保護を行い、その最低限度の生活を保障するとともに、その自立を助長することを目的とする。

②無差別平等の原理（第 2 条）

すべて国民は、この法律の定める要件を満たす限り、この法律による保護を、無差別平等に受けることができる。

③最低生活保障の原理（第 3 条）

この法律により保障される最低限度の生活は、健康で文化的な生活水準を維持することができるものでなければならない。

④補足性の原理（第 4 条）

保護は、生活に困窮する者が、その利用し得る資産、能力その他あらゆるものを、その最低限度の生活の維持のために活用することを要件として行われる。

2　民法に定める扶養義務者の扶養及び他の法律に定める扶助は、すべてこの法律による保護に優先して行われるものとする。

3　前二項の規定は、急迫した事由がある場合に、必要な保護を行うことを妨げるものではない。

○生活保護の基本原則

①申請保護の原則（第７条）

保護は、要保護者、その扶養義務者又はその他の同居の親族の申請に基いて開始するものとする。但し、要保護者が急迫した状況にあるときは、保護の申請がなくても、必要な保護を行うことができる。

②基準及び程度の原則（第８条）

保護は、厚生労働大臣の定める基準により測定した要保護者の需要を基とし、そのうち、その者の金銭又は物品で満たすことのできない不足分を補う程度において行うものとする。

2　前項の基準は、要保護者の年齢別、性別、世帯構成別、所在地域別その他保護の種類に応じて必要な事情を考慮した最低限度の生活の需要を満たすに十分なものであつて、且つ、これをこえないものでなければならない。

③必要即応の原則（第９条）

保護は、要保護者の年齢別、性別、健康状態等その個人又は世帯の実際の必要の相違を考慮して、有効且つ適切に行うものとする。

④世帯単位の原則（第 10 条）

保護は、世帯を単位としてその要否及び程度を定めるものとする。但し、これによりがたいときは、個人を単位として定めることができる。

問題２　正答①③

①○　正しい記述である。

②×　保護は、基本的に世帯を単位として行われる。

③○　正しい記述である。「保護を必要とする状態にある者」は要保護者という。

④×　「この法律の保護を、無差別平等に受けることができる」と記載されている。

⑤×　保護の基準は厚生労働大臣が決める。

生活保護法の基本的知識がないと正答は難しいです。しかし、①はすぐに正答であると予想をつけられます。③についても日本語の理解で、正答であると判断できます。④は差別に該当するので消去できます。⑤も自治体ごとに基準が異なれば、保護してもらいやすい自治体・そうではない自治体が生じ、格差が生じることがわかれば消去できます。②が正答かどうか迷うところですが、日ごろからニュース等で「生活保護世帯」という用語を見聞きしていたら△とし、①③を正答と判断できます。

点に差がつくミニ知識

生活困窮者自立支援法とは

この法律は、生活困窮者自立相談支援事業の実施、生活困窮者住居確保給付金の支給その他の生活困窮者に対する自立の支援に関する措置を講ずることにより、生活困窮者の自立の促進を図ることを目的とする。(第１条)

キーワード解説

生活困窮者自立支援制度

厚生労働省によると、生活困窮者自立支援制度では、「全国の福祉事務所設置自治体が実施主体となって、官民協働による地域の支援体制を構築し、自立相談支援事業、住居確保給付金の支給、就労準備支援事業、一時生活支援事業、家計相談支援事業、学習支援事業その他生活困窮者の自立の促進に関し包括的な事業を実施」、「自立相談支援事業は、生活困窮者からの相談に早期かつ包括的に応ずる相談窓口となり」、「生活困窮者の抱えている課題を適切に評価・分析（アセスメント）し、その課題を踏まえた『自立支援計画』を作成するなどの支援」を行うとしています。

2 児童虐待

児童虐待とは

児童虐待は4種類に分類される。（厚生労働省「児童虐待の定義と現状」）

1. 身体的虐待：殴る、蹴る、投げ落とす、激しく揺さぶる、やけどを負わせる、首を絞める、縄などにより一室に拘束する等
2. 性的虐待：子どもへの性的行為、性的行為を見せる、性器を触る又は触らせる、ポルノグラフィの被写体にする等
3. ネグレクト：家に閉じ込める、食事を与えない、ひどく不潔にする、自動車の中に放置する、重い病気になっても病院に連れて行かない等
4. 心理的虐待：言葉による脅し、無視、きょうだい間での差別的扱い、子どもの目の前で家族に対して暴力をふるう（ドメスティック・バイオレンス：DV）等

問題 1（2018 年問 143）

5歳の男児。父母からの身体的虐待とネグレクトを理由に、1週間前に児童養護施設に入所した。入所直後から誰彼構わず近寄り、関わりを求めるが、関わりを継続できない。警戒的で落ち着かず、他児からのささいなからかいに怒ると鎮めることが難しく、他児とのトラブルを繰り返している。着替え、歯磨き、洗面などの習慣が身についていない。眠りが浅く、夜驚がみられる。

このときの施設の公認心理師が最初に行う支援として、最も適切なものを1つ選べ。

① 眠りが浅いため、医師に薬の処方を依頼する。
② 心的外傷を抱えているため、治療として曝露療法を開始する。
③ 気持ちを自由に表現できるよう、プレイルームでプレイセラピーを開始する。
④ 趣味や嗜好を取り入れて、安心して暮らせる生活環境を施設の養育者と一緒に整える。
⑤ 年齢相応の基本的な生活習慣が身につくよう、施設の養育者と一緒にソーシャルスキルトレーニング〈SST〉を開始する。

問題 2（オリジナル）

要保護児童対策地域協議会の意義及び課題について、不適切なものを2つ選べ。

① 要保護児童等を早期に発見することができる。

② 要保護児童等に対し、迅速に支援を開始することができる。

③ 各関係機関等が連携を取り合うことで情報の共有化が図られる。

④ 各関係機関等で情報の共有化が図られる一方で、責任の所在があいまいになる課題がある。

⑤ 情報の共有化を通じて、各関係機関等が同一の認識のもと役割分担をする際に、各機関同士で、これを担うのはいいがこれは担いたくないなど職務の押し付けが生じて、支援が迅速に行われにくくなる。

問題 3（2018年問12）

児童虐待について、正しいものを1つ選べ。

① 主な虐待者は実父が多く、次に実父以外の父親が多い。

② 身体的虐待、心理的虐待及び性的虐待の3種類に大別される。

③ 児童虐待防止法における児童とは、0歳から12歳までの者である。

④ 児童の目の前で父親が母親に暴力をふるうことは、児童虐待にあたる。

⑤ 児童虐待防止法が制定されて以降、児童虐待の相談対応件数は減少傾向にある。

（注：「児童虐待防止法」とは、「児童虐待の防止等に関する法律」である。）

問題 4（2019年問143）

13歳の男子A、中学1年生。Aは両親と2つ上の兄Bと暮らしている。両親は、AとBが幼い頃から、多くの学習塾に通わせるなどして中学受験を目指させた。Bは志望校に合格したが、Aは不合格であった。両親は「お前は出来そこないだ。これからは死ぬ気で勉強しろ」とAを繰り返しなじった。次第に両親は「お前はBとは違って負け犬だ。負け犬の顔など見たくない」と言い、Aに別室で一人で食事をさせたり、小遣いを与えなかったりし始めた。

両親の行為は虐待種別の何に当たるか、最も適切なものを1つ選べ。

① 教育的虐待

② 経済的虐待

③ 身体的虐待

④　心理的虐待

⑤　ネグレクト

点に差がつくミニ知識

各種法令による児童等の年齢の違いはよく問われやすいので、押さえておきましょう。

「児童」の定義が法律上明示されている主な法律		
児童福祉法	児童	18 歳未満の者
	乳児	1 歳未満の者
	幼児	1 歳から小学校就学の始期に達するまでの者
	少年	小学校就学の始期から 18 歳に達するまでの者
児童虐待の防止等に関する法律	児童	18 歳未満の者
労働基準法	年少者	18 歳未満の者
	児童	15 歳に達した日以後の最初の 3 月 31 日が終了するまでの者
学校教育法	学齢児童	6 歳に達した日の翌日以後における最初の学年の初めから、満 12 歳に達した日の属する学年の終わりまでの者
	学齢生徒	小学校又は特別支援学校の小学部の課程を終了した日の翌日後における最初の学年の初めから、満 15 歳に達した日の属する学年の終わりまでの者
（参考）		
児童の権利に関する条約	児童	18 歳未満の者
その他児童に類する者を法律上明示している主な法律		
民法	未成年者	20 歳未満の者
	婚姻適齢	男満 18 歳、女満 16 歳〔未成年者は、父母の同意を得なければならない。〕
刑法	刑事責任年齢	満 14 歳
少年法	少年	20 歳未満の者
母子保健法	乳児	1 歳未満の者
	幼児	1 歳から小学校就学の始期に達するまでの者

解説＆テクニック

問題１　正答④

①×　眠りが浅いのは事実だが、最初の支援として「医師に薬の処方を依頼」することはない。

②×　身体的虐待とネグレクトのため入所してはいるが「心的外傷を抱えている」とは現時点では判断できかねるであろうし、子どもと関係ができていないのに「曝露療法」を開始すべきではない。

③×　内容としては○と判断したいが、最初に行うべき支援かという点で△を付けておく。

④○　子どもが「安心して暮らせる」ように支援することが、③の内容よりも最初に行うべき支援と判断できる。

⑤×　内容としては○だが、生活習慣を身に着けるためのSSTは最初に行う支援ではないとすぐに判断することができる。

問題文に「施設の公認心理師が最初に行う支援として、最も適切なものを１つ選べ」とあります。それゆえ、最初に行うべき支援を考えて、最初でなくてもよい支援を消去していけばよいでしょう。

問題２　正答④⑤

①②③○　正しい記述である。

④×　正しくは「情報の共有化を通じて、各関係機関等の間での役割分担について、共通の理解を得ることができる」。

⑤×　正しくは「情報の共有化を通じて、各関係機関等が同一の認識の下に役割分担しながら支援を行うため、支援を受ける家庭にとってより良い支援が受けられやすくなる」。

要保護児童対策地域協議会については、平成16年児童福祉法改正法において「地方公共団体は、要保護児童の適切な保護を図るため、関係機関等により構成され、要保護児童及びその保護者に関する情報の交換や支援内容の協議を行う要保護児童対策地域協議会を置くことができる」とされました。虐待を受けている子どもをはじめとする、要保護児童の情報交換や支援内容を協議する重要な組織です。そのことを理解しておけば、①②③は適切であり○と判断できるでしょう。④⑤については、要保護児童の情報交換や支援内容を協議する際に、各関係機関で業務内容や責任の押し付け合いをしている場合ではないことが判断でき、正答を導き出せるでしょう。

点に差がつくミニ知識

要保護児童対策地域協議会（以下、協議会）は重要な組織ではありますが、平成16年児童福祉法改正法において、設置は各自治体に義務付けられていない点に注意しましょう。しかし、多くの自治体ではその重要性を鑑み設置しています。例えば、東京都の場合は「子ども家庭支援センター」が協議会の中核を担っており、学校から虐待の恐れがある子どもの情報提供や通告を受けています。「子ども家庭支援センター」の職員は、保健師・保育士・心理職などで構成されています。ある要保護児童が中学生の場合で、協議会が開催されるときの招集メンバーは、その子どものきょうだいが関係している機関等も含まれます。保育園・小学校・中学校の担任やSCや管理職、SSW、自治体教育委員会・子どもの主治医・病院のケースワーカー、弁護士などが一例として挙げられます。会議では、メンバー間で情報共有や役割分担を行い、次回の会議までに各機関で担った役割分担を遂行しながら、その子どもや保護者を支援しています。

問題3　正答④

①×　虐待者は実母が多い。

②×　4種類（身体的虐待・性的虐待・ネグレクト・心理的虐待）である。

③×　正しくは18歳未満である。法律による児童の年齢の違いはよく問われやすい。

④○　心理的虐待に「子どもの目の前で家族に対して暴力（DV）をふるう」ことが含まれる。DVと虐待の関連するポイントであり、混乱しやすい点でもあるため、ここは理解しておくこと。

⑤×　虐待は年々増加傾向にある。

ニュース等を見聞きしていたら正答を導き出せます。①⑤はニュース等の知識で消去できます。②は専門職として常識的な知識を駆使すれば消去できます。③は知識がないと判断がつかないため△とします。④はこれをみた子どもがどのような影響を受けるか想像すれば、心理的虐待と予想がつき、正答を導き出せます。

DV と児童虐待の問題は重なることも多く、このように関連づけた問題も出やすいことを今後も想定しておくとよいでしょう。

問題 4　正答④

両親が「お前は出来そこないだ。これからは死ぬ気で勉強しろ」「お前は B とは違って負け犬だ。負け犬の顔など見たくない」と言ったことから、④の心理的虐待であるとわかります。⑤のネグレクトと思った受験生もいるかもしれませんが、食事は与えているため、ネグレクトには該当しません。

3 里親制度

厚生労働省によると、里親制度とは「さまざまな事情で家族と暮らせない子どもを、自分の家庭に迎え入れ、温かい愛情と正しい理解を持って養育する制度」としている。

問題 1（オリジナル）

里親制度の類型として不適切なものを１つ選べ。

① 養育里親
② 専門里親
③ 養子縁組希望里親
④ 親族里親
⑤ ファミリーホーム里親

問題 2（オリジナル）

里親についての説明で不適切なものを１つ選べ。

① 里親になるためには指定された資格が必要である。
② 里親になるまでの流れとしては、相談⇒研修・家庭訪問⇒登録⇒子どもとの出会い⇒里親委託となっている。
③ 里親には子どもの養育に必要な経費が支給される。
④ 子どもと暮らすのは里親だが、養育は自治体の職員等含めチームで行うという考え方である。
⑤ 子どもと里親の関係は住民票上は「縁故者」となる。

問題 3（2019 年問 42）

児童相談所の業務内容として、誤っているものを１つ選べ。

① 親権者の同意を得て特別養子縁組を成立させる。
② 必要に応じて家庭から子どもを離して一時保護をする。
③ 親権者の同意を得て児童福祉施設に子どもを入所させる。
④ 子どもに関する専門性を要する相談を受理し、援助を行う。
⑤ 市区町村における児童家庭相談への対応について必要な援助を行う。

解説＆テクニック

問題 1　正答⑤

①○　養育里親とは、保護者のいない子どもや虐待等の理由により保護者が養育することが適当でない子ども（要保護児童）を養育する里親のことである。

②○　専門里親とは、被虐児や障害のある子ども等、専門的援助を必要とする子どもを養育する里親のことである。3年以上の里親の経験等が必要である。

③○　養子縁組希望里親とは、養子縁組により子どもの養親になることを希望する里親のことである。

④○　親族里親とは、要保護児童の扶養義務者およびその配偶者である親族であり、実親の死亡・入院等の事情により、子どもを養育することができない場合の里親のことである。

⑤×　ファミリーホーム里親という類型はない。

里親制度について知らなくても、小集団か否かをイメージできれば正答を導き出せます。①②③④は小集団の子どもを養育するスタイルではなく、⑤だけ小集団のスタイルであることが分かり、質が異なることが分かるでしょう。よって⑤が正答であることが導き出せます。

キーワード解説

小規模住居型児童養育事業（ファミリーホーム）とは

厚生労働省によると、小規模住居型児童養育事業（ファミリーホーム）とは「家庭養育を促進するため、要保護児童に対し、この事業を行う住居（ファミリーホーム）において、児童間の相互作用を活かしつつ、児童の自主性を尊重し、基本的な生活習慣を確立するとともに、豊かな人間性及び社会性を養い、児童の自立を支援する事業」であり、「平成21年度に創設された制度で、養育者の住居において行う点で里親と同様であり、児童5〜6人の養育を行う点で、里親を大きくした里親型のグループホーム」と定義しています。

問題 2　正答①

①×　里親になるためには資格は必要ない。研修を受ける必要がある（親族里親

や養子縁組を前提とする里親はこの限りではない)。

②⑤○　その通りである。

③○　その通りである。里親手当、一般生活費等が支給される。

④○　その通りである。児童相談所や支援機関の担当者等が家庭訪問や電話相談等で子どもの状況を一緒に見守り、考える。

国として里親制度を推進したいという流れがあることを汲み取れば正答できます。①は、一定の資格要件があれば里親制度が普及しないことが想像できます。それゆえ△か×と判断できます。②③④は虐待を受けた子どもを養育する大変さやそのような子どもを養育する心構えや知識が必要であろうこと、子育てにはお金がかかることが想像できれば○と判断できます。⑤は知識がなければ迷うので△か×とします。残った①と⑤ではどちらがより不適切かと考えると、里親制度に資格というハードルを課していたら制度が普及しないため、資格はないだろうと判断し、①が×であると判断します。

点に差がつくミニ知識

厚生労働省「社会的養護の現状について」には「社会的養護が必要な児童を、可能な限り家庭的な環境において安定した人間関係の下で育てることができるよう、施設のケア単位の小規模化里親やファミリーホームなどを推進」すると明記されています。一度目を通しておくことをおすすめします。

問題 3　正答①

①は「特別養子縁組」を「成立させる」ことが多忙を極める児童相談所の業務内容なのかどうかと考えて△か×とします。②は緊急性の高い虐待をイメージできれば○と判断できます。③は親権者の同意を得ることが保護者との良い関係を築くうえでも必要であるため○と判断できます。④⑤は基本的な事項でありすぐに○にできます。したがって、△か×と判断した①が正答となります。

4 認知症

認知症とは、生後正常に発達した種々の精神機能が慢性的に減退・消失することで、日常生活・社会生活を営めない状態のことを表す。つまり、認知症は後天的原因により生じる知能の障害であるため、知的障害（精神遅滞）とは異なる点に注意する。

問題 1（2018 年問 74）

75 歳の女性 A、独身の息子と二人暮らしである。A は 2 年くらい前からスーパーで連日同じ食材を重ねて買うようになり、スーパーからの帰り道で道に迷うなどの行動が見られ始めた。午前中から散歩に出たまま夕方まで帰らないこともあった。最近、息子の怒鳴り声が聞こえるようになり、時々 A の顔にあざが見られるようになったため、近所の人が心配して、市の相談センターに相談した。

市の対応として、不適切なものを 1 つ選べ。

① 虐待担当部署への通報

② 息子への指導及び助言

③ A の居室の施錠の提案

④ 徘徊時に備えた事前登録制度の利用

⑤ 民生委員への情報提供と支援の依頼

問題 2（2020 年問 139）

87 歳の女性 A。A は、軽度の Alzheimer 型認知症であり、日常生活において全面的に介助が必要である。特別養護老人ホームのショートステイ利用中に、介護士 B から虐待を受けているとの通報が、同僚から上司に寄せられた。施設の担当者が A に確認したところ、B に太ももを平手で叩かれながら乱暴にオムツを替えられ、荒々しい言葉をかけられたとのことであった。A は、夫と死別後、息子夫婦と同居したが、家族とは別の小屋のような建物で一人離れて生活させられていた。食事は、家族が気が向いたときに残り物を食べさせられ、食べ残すと強く叱られたことも、今回の調査で判明した。

A が B と家族の双方から受けている共通の虐待として、最も適切なものを 1 つ選べ。

① 性的虐待

② 経済的虐待
③ 身体的虐待
④ 心理的虐待
⑤ ネグレクト

点に差がつくミニ知識

改訂長谷川式簡易知能評価スケール（HDS-R）は9つの質問に口頭で回答する方法で行われます。

Q1：お歳はいくつですか？⇒見当識

Q2：今日は何年何月何日ですか？何曜日ですか？⇒見当識

Q3：私たちが今いる所はどこですか。⇒見当識

Q4：これから言う3つの言葉を言ってみてください。後でまた聞きますので、よく覚えておいてください。⇒言葉の記銘再生

（言葉は以下のどちらかを選択）

1 桜、猫、電車

2 梅、犬、自転車

Q5：100から7を順番に引いてください。⇒計算

Q6：私がこれから言う数字を逆から言ってください。⇒逆唱

「6-8-2」と「3-5-2-9」

Q7：先ほど覚えてもらった言葉をもう一度言ってみてください。⇒言葉の遅延再生

Q8：これから5つの品物を見せます。それを隠しますので何があったか言ってください。⇒物品再生

品物は、「時計、鍵、タバコ、ペン、硬貨」など相互に無関係なもの

Q9：野菜の名前を10個答えてください。⇒言葉の流暢性

30点満点中、20点以下で認知機能低下と判断する。

上記の9項目は、近年臨床心理士資格試験で具体的な項目が問われていること、ブループリントの小項目に「改訂長谷川式簡易知能評価スケール〈HDS-R〉」が記載されていることから、全て覚えておくことが望ましいです。

覚え方は3項目ずつ分けて覚えるとよいでしょう。Q1～Q3は見当識。Q4とQ7がともに言葉の記銘再生、遅延再生と似ています。残り2つが数字を扱ったもの（算数系）か、言葉を扱ったもの（国語系）かです。うまくチャンク化して

整理しておきたいところです。

キーワード解説：

認知機能検査として、改訂長谷川式簡易知能評価スケール（HDS-R）とミニメンタルステート検査（MMSE）があります。両者の違いとしては、① MMSE は動作性検査も含まれていることです。②両者ともに 30 点満点であることは共通していますが、認知機能低下と判断する基準が異なり、HDS-R は 20 点以下、MMSE は 23 点以下です。この点数の違いにも注目しておくことが重要です。

解説＆テクニック

問題 1　正答③

①②④⑤○　正しい記述である。

③×　人権に配慮していないため不適切である。

消去法で進めるのが定石の問題です。①④⑤は認知症の疑いやそのことが関連して虐待の疑いがあることから正しいと分かるでしょう。そのため②③で迷う可能性がありますが、常識的に考えて、より不適切なものを選べばよいでしょう。息子への「指導」という表現が少し引っ掛かるかもしれませんが、個室に施錠することの方が人権への配慮を欠いた不適切な行為であるため、③が正答と導き出せます。

問題 2　正答④

瞬時に正答を導きたい問題です。介護士 B と家族に共通していない虐待を消去していくと、①②は記載自体がありません。③は介護士 B のみ、⑤は家族のみに当てはまる虐待です。④は「荒々しい言葉」「強く叱られた」と共通しているため、正答は④と判断できます。

5 アウトリーチ

アウトリーチとは

「Out（外へ）reach（手を伸ばす）」という意味であり、訪問型支援サービスのことを指す。アウトリーチには「精神障害者の地域移行」という目的もあり、厚生労働省の「精神障害者アウトリーチ推進事業の手引き」では、「当事者の状態に応じた医療面の支援に加え、早期支援や家族全体の支援などの生活面の支援が可能となる多職種チームであることが必要」と述べている。

問題 1（オリジナル）

中学1年生女子Xが不登校である。スクールカウンセラー（以下SC）が母親と面接していく中で、Xが精神疾患を発症している可能性、父親がアルコール依存症であることが分かった。そのため、SCが管理職と相談し、家庭訪問を行うことを検討した。その際、アウトリーチの視点からSCと一緒に同行し、Xおよび父親の状況をアセスメントするにふさわしい専門職として適切なものを2つ選べ。

① 自治体の保健師
② 養護教諭
③ 自治体の心理職
④ 民生児童委員
⑤ Xの出身小学校SC

問題 2（オリジナル）

包括型地域生活支援プログラム（ACT：Assertive Community Treatment）について、正しいものを2つ選べ。

① 支援対象は、軽度精神障害者である。
② イギリスで生まれた生活支援プログラムである。
③ 24時間、365日体制の支援を行う。
④ 多職種で構成されたチームアプローチで行う。
⑤ 通所型である。

解説＆テクニック

問題 1　正答①②

①②○　正しい記述である。

③×　同じ心理職である。

④×　地域の重要な仕事であるが、専門性はそこまで求められていない。

⑤×　同じ心理職である。

アウトリーチが「医療面の支援」、「多職種チーム」であることを理解し、かつここが学校領域であることを押さえていたら正答を導けます。①の保健師は医療面での専門職であり正答と判断できます。③⑤は同じ心理職であるため消去できます。④は多職種には当たりますが、専門性はそこまで求められていません。X が中学 1 年生で、母親の相談を SC が受けていることを鑑みると、医療面の知識を有している教員である養護教諭が正答と判断できるでしょう。

問題 2　正答③④

①×　支援対象は重度精神障害者である。

②×　アメリカで生まれた生活支援プログラムである。

③④○　正しい記述である。

⑥×　訪問型である。

Assertive の意味が「積極的」であることをヒントにして、消去法で正答を導き出すとよいでしょう。すると、①の「軽度」、⑤の「通所」は×であろうと考えられます。知識がないと判断できない②は△としておきます。「積極的」という意味合いから、③④は正答であろうと考え、②を消し、③④を残します。

キーワード解説

包括型地域生活支援プログラム（ACT）とは、米国で始まった生活支援モデルのことです。重度の精神疾患・障害のある人でも、地域でその人らしく安定した生活が送れるようにするための訪問型サービスです。

CHAPTER

9 教育に関する心理学

1 スクールカウンセラー（SC）

SCとは、児童生徒の不登校、いじめなど校内での様々な問題行動等の対応にあたり、心理学的知識を活用して心理相談業務に従事する専門職のこと。東京都の公立校では、すでにSCを全校配置している（1日7時間45分勤務、年間35回）。配置の仕方は、自治体により様々である。

COLUMN

SCの仕事内容・注意点と1日の流れ

私はSC歴9年目です。SCの仕事等を経験していない方、教育領域で仕事をした経験がないという方のために、実際の仕事内容や1日の流れを紹介することで、学校文化や背景を理解していただきたいと思います。そしてそのイメージを持ちながら問題に取り組むことで、試験当日に選択肢を絞る際の一助になればと思います。

〈SCの仕事内容〉

①児童生徒への相談・助言
②教職員へのコンサルテーション（相談や助言等）
③教職員への研修
④相談者へのアセスメントおよび対応
⑤保護者への相談・助言
⑥関係機関との連携等
⑦児童生徒への講話等
⑧保護者への講話等
⑨ストレスマネジメント等の予防的対応
⑩学校危機対応における心のケア

①②④⑤⑥は毎回の勤務で行います。②は、中学校は教科担任制であるた

め、担任の授業の空き時間や放課後に行います。小学校の場合は学級担任制であるため、高学年の担任であれば専科の先生が授業をしている時に空き時間ができますが、低学年の場合は専科の授業がないため、子どもが帰った放課後に行うことが多いです。⑦は年に数回あります。⑨と絡めて行うこともあります。⑧は、保護者会などでお話することがあります。③は学校によってまちまちです。夏休み前後に 1 回という学校もあれば、SC の勤務日に必ず夕会（夕方のミニ職員会議のようなもの）で教職員に有益な情報発信やコメント等を依頼される学校もあります。⑩は絶対にあってほしくないとどの SC も願いますが、実際子どもの自殺等があると、緊急対応せざるを得ません。その場合は SC のみで緊急対応することは難しく、自治体の教育委員会の心理職にサポートしてもらい、チームで対応します。

〈小学校 SC の 1 日の流れ〉 勤務時間 8 時 30 分〜17 時

8：30〜　出勤。SC 予約表を確認し、その日の相談や動きを確認する。管理職や主幹教員等から、この 1 週間の児童の問題等を情報共有。

8：40〜　6 年生（3 クラス）の全員面談（6 年生が荒れていて、校長からオーダーがあったため、毎週 1 クラスずつの面談実施を計画）。1・2 時間目に 35 人の児童とクラスや学校について個別に面談。

10：15〜　中休み。数名の気になる子が相談室に来室。おしゃべりしたり、おはじきしたりして過ごす。

10：40〜　保護者面接（主訴：発達障害のわが子の病院受診について）。

11：30〜　保護者面接（主訴：クラス内でいじめがある）。

12：00〜　給食：校内にある通級指導学級で担任たちと情報交換。

13：00〜　昼休み。数名の気になる子が相談室に来室。

13：20〜　全校集会の様子を見守る。

13：35〜　担任からオーダーがあった学習に取り組むことが難しい児童の行動観察。

14：35〜　校内委員会：低学年・中学年・高学年・通級指導教室の特別支援教育コーディネーターと SC で会議。

15：30〜　報告書作成。

16：00〜　教員へのコンサルテーションおよび病院のソーシャルワーカー、主治医との連携（電話にて）。

16：30〜　夕会にてコメントする。

16：45～　教員へのコンサルテーション。
17：00　退勤。

この日はたまたま校内委員会がありましたが、小学校は学級担任制のため、毎週校内委員会を開くことは現実的に難しいのです。校内委員会がない日は、病院等他機関への情報提供書を書くことがありますが、ケースの流れについて短い時間でまとめなければならず苦労しています。結構分刻みのスケジュールになっています。

たまに空き時間があると、気になる児童の授業中の様子を見に、教室を巡回します。その様子を保護者に伝えることで保護者が安心することが多いので、できる限り校内の巡回をしたいと思っていますが、現実はなかなか厳しいものがあります。

〈中学校 SC の 1 日の流れ〉勤務時間 8 時 30 分～17 時
8：30～　出勤。SC 予約表を確認し、その日の相談や動きを確認する。管理職や学年主任等から、この 1 週間の生徒の問題等を情報共有。
8：50～　保護者面接（主訴：朝起きられず不登校）。
9：50～　校内委員会。
10：50～　不登校の生徒対応。
11：50～　保護者面接（主訴：子どもが知的に低い）。
12：40～　給食。
13：00～　昼休みに不登校の生徒面接。
13：20～　記録。
14：30～　リストカットしている生徒面接。
15：30～　関係機関電話連絡。
16：00～　教員へのコンサルテーション。
16：30～　関係機関電話連絡・カンファレンス資料作成。
17：00　退勤。

中学校は教科担任制であるため、教員の空き時間がある程度固定されています。校内委員会に参加するメンバー（特別支援教育コーディネーターと各学年の代表の教員）は、SC の勤務日の 2 時間目を空き時間にして、毎週集まっています。時々、自治体の教育委員会の心理職等も参加して、コンサルテーションをしてくれます。

中学校になると、リストカットをする子どもがぐっと増えます。教員側も研修をしているとはいえ、対応に戸惑うことが多く、よく相談を受けます。そのため、全教員に回覧するシステムになっている報告書に「リストカットへの対応」という文章を書く形で、コンサルテーションを行っています。

深刻なケースでは、SC が積極的にリーダーシップを発揮して、チーム学校で対応しようと提案したり、校内だけで抱えるのではなく、自治体の専門機関も巻き込んで支援しようと提案したりして、自分から積極的に他機関に電話をかけて、連携をするように意識しています。

問題 1（オリジナル）

中学 1 年生の女子 X は摂食障害があり、心療内科に通院中。最近、急激にやせが進み、学校の欠席日数が増えつつある。X の両親と担任から相談を受けた公認心理師である SC が、X の健康をはじめ学校生活をサポートするにあたり、指示を受けるべき人物・組織として、最も適切なものを 1 つ選べ。

① 養護教諭
② 校長
③ 主治医
④ 教育委員会
⑤ 管理栄養士

問題 2（2020 年問 152）

16 歳の男子 A、高校 1 年生。A は、スクールカウンセラー B のいる相談室に来室した。最初に「ここで話したことは、先生には伝わらないですか」と確認した上で話し出した。「小さいときからズボンを履くのが嫌だった」「今も、男子トイレや男子更衣室を使うのが苦痛でたまらない」「こんな自分は生まれてこなければよかった、いっそのこと死にたい」「親には心配をかけたくないので話していないが、自分のことを分かってほしい」と言う。

B の A への初期の対応として、適切なものを 2 つ選べ。

① A の気持ちを推察し、保護者面接を行い A の苦しみを伝える。
② 性転換手術やホルモン治療を専門的に行っている病院を紹介する。
③ 誰かに相談することはカミングアウトにもなるため、相談への抵抗が強いこ

とに配慮する。

④　クラスメイトの理解が必要であると考え、Bから担任教師へクラス全体に説明するよう依頼する。

⑤　自殺のおそれがあるため、教師又は保護者と情報を共有するに当たりAの了解を得るよう努める。

解説＆テクニック

問題1　正答③

①×　養護教諭は校内の連携すべき人物である。

②×　職務上校長の指示は受けなければならないが、Xの健康をはじめ学校生活をサポートするにあたり、指示を受けるべき人物ではない。

③○　公認心理師法第42条第2項「公認心理師は、その業務を行うに当たって心理に関する支援を要する者に当該支援に係る主治の医師があるときは、その指示を受けなければならない。」の記載の通りである。

④×　教育委員会は校外の連携すべき組織ではある。

⑤×　管理栄養士は連携すべき人物ではあるが、Xの健康をはじめ学校生活をサポートするにあたり、指示を受けるべき人物ではない。

基本的な問題であるため確実に正解したいところです。「公認心理師法第42条第2項を受験者が理解しているか」という問題です。「摂食障害があり、心療内科に通院中」「Xの健康をはじめ、学校生活をサポートするにあたり、指示を受けるべき人物・組織」というキーワードを拾えれば、消去法を用いなくても確実に解ける問題です。

点に差がつくミニ知識

スクールカウンセラーが主治医に連絡をとる時は、基本的には本人及び保護者の了解をとって、主治医に電話連絡をするのが好ましいです。保護者に中継ぎを依頼し、次回診察の時に「主治医の○○先生に、スクールカウンセラーがご連絡させていただいてもいいものですかと聞いていた、とお伝えいただけますか？」と聞く方法もあります。

キーワード解説

スクールソーシャルワーカー

近年、SCに加えスクールソーシャルワーカー（SSW）も学校や教育委員会に配置されています。SSWは文部科学省の「スクールソーシャルワーカー活用事業」によると「教育と福祉の両面に関して、専門的な知識・技術を有するとともに、過去に教育や福祉の分野において、活動経験の実績等がある者」と定義しています。

そこで、SCとSSWの違いについて理解を深めておく必要があり、文部科学省の「学校における教育相談に関する資料」では、SCとSSWの手法・役割を以下のように示しています。

職種	SC	SSW
手法	カウンセリング（子供の心のケア）	ソーシャルワーク（子供が置かれた環境【家庭、友人関係等】への働き掛け）
役割	①個々の児童生徒へのカウンセリング ②児童生徒への対応に関し、保護者・教職員への助言 ③事件・事故等の緊急対応における児童生徒等の心のケア ④教職員等に対する児童生徒へのカウンセリングマインドに関する研修活動 ⑤教員との協力の下、子供の心理的問題への予防的対応（ストレスチェック等）	①家庭環境や地域ボランティア団体への働き掛け ②個別ケースにおける福祉等の関係機関との連携・調整 ③要保護児童対策地域協議会や市町村の福祉相談体制との協働 ④教職員等への福祉制度の仕組みや活用等に関する研修活動

問題2　正答③⑤

①×　Aの了解を得ていない点で問題である。

②×　初期の対応として不適切である。

③○　適切である。

④×　Aの了解を得ていない点で問題である。

⑤○　適切である。

消去法で正答を導きましょう。①④はAの了解を得ていない点で問題であるため消去できます。②は今後の対応として考えられる可能性はありますが、問われている「BのAへの初期の対応」としては行き過ぎている点で消去できます。したがって、残った③⑤を正答と判断します。

2 いじめ

いじめ防止対策推進法では、「いじめ」を「児童生徒に対して、当該児童生徒が在籍する学校（※）に在籍している等当該児童生徒と一定の人的関係にある他の児童生徒が行う心理的又は物理的な影響を与える行為（インターネットを通じて行われるものを含む。）であって、当該行為の対象となった児童生徒が心身の苦痛を感じているもの」と定義している。※小学校、中学校、高等学校、中等教育学校及び特別支援学校（幼稚部を除く）

問題 1（オリジナル）

小学4年生の女子Yは、クラスの子どもによるからかい、悪口を最近頻繁に受け始めている。SCの勤務日の中休みに相談室を訪れて「いじめがあり、クラスにいるのが辛い」と泣いて相談した。帰り際「このことは絶対秘密にしてね」と言い、教室に戻った。Yへの対応で、最も適切なものを1つ選べ。

① 子どもの心情も含め、校内のいじめ対策委員会に報告する。
② クラス内の出来事であるため担任に伝え対応を一任する。
③ 夕方にある全職員が集まる生活指導夕会で詳細に報告する。
④ 子どもの了承を得るまで、校長・副校長への報告は控える。
⑤ 子どもとの関係性を重視し、SCのみで今後対応する。

問題 2（オリジナル）

いじめ防止対策推進法の内容として、誤っているものを1つ選べ。

① ここでいう「学校」とは、小学校、中学校、高等学校、中等教育学校及び特別支援学校（幼稚部を除く）のことをいう。
② この法律でいういじめにはインターネットを通じて行われるものは含まない。
③ 第4条で児童等は「いじめを行ってはならない」とされている。
④ この法律ではいじめが疑われる事実が犯罪に該当すると考えられるときは、学校は警察に通報しなければならないことが定められている。
⑤ 第25条に「校長及び教員は、当該学校に在籍する児童等がいじめを行っている場合であって教育上必要があると認めるときは、学校教育法第11条の規定に基づき、適切に、当該児童等に対して懲戒を加えるものとする」とされて

いる。

問題 3（2019 年問 34）

学校における自殺予防教育について、最も適切なものを 1 つ選べ。

① プログラムは地域で共通のものを使用する。

② 学級づくりのできるだけ早い段階に実施する。

③ 目標は早期の問題認識及び援助希求的態度の育成である。

④ いのちは大切なものであるという正しい価値観を提供する。

⑤ 自殺のリスクを抱える児童生徒のプログラム参加は避ける。

解説＆テクニック

問題 1　正答①

①○　正しい。
②×　担任に対応を一任してはならない。
③×　まずは、校内のいじめ対策委員会で方向性を検討する必要がある。
④×　この案件だけでなく、集団守秘義務の観点からこの対応は不適切である。
⑤×　いじめ案件を個人で対応してはならない。

⑤は「SC のみ」でという限定的な表現から消去できます。④は管理職への「報告を控える」という表現から不適切と判断できます。②は「担任に伝え対応を一任する」という表現から組織対応していないため不適切といえます。③と①で迷う可能性がありますが、より組織的な対応として望ましいものを考えれば、③を消去し①を選ぶことができるでしょう。

キーワード解説

いじめ防止対策推進法

第 1 条：この法律は、いじめが、いじめを受けた児童等の教育を受ける権利を著しく侵害し、その心身の健全な成長及び人格の形成に重大な影響を与えるのみならず、その生命又は身体に重大な危険を生じさせるおそれがあるものであることに鑑み、児童等の尊厳を保持するため、いじめの防止等（いじめの防止、いじめの早期発見及びいじめへの対処をいう。以下同じ。）のための対策に関し、基本理念を定め、国及び地方公共団体等の責務を明らかにし、並びにいじめの防止等のための対策に関する基本的な方針の策定について定めるとともに、いじめの防止等のための対策の基本となる事項を定めることにより、いじめの防止等のための対策を総合的かつ効果的に推進することを目的とする。

第 22 条（学校におけるいじめの防止等の対策のための組織）：学校は、当該学校におけるいじめの防止等に関する措置を実効的に行うため、当該学校の複数の教職員、心理、福祉等に関する専門的な知識を有する者その他の関係者により構成されるいじめの防止等の対策のための組織を置くものとする。

これが、問題にある「校内のいじめ対策委員会」に当たります。

問題２　正答②

①③④○　正しい。

②×　この法律におけるいじめには「インターネットを通じて行われるものを含む」とされている。

⑤○　正しい記述である。懲戒を加えるのは「教育委員会」ではなく、「校長及び教員」である。

法律の知識がなくても、昨今のSNSによるいじめのニュースから②が誤っているものであることが分かり、消去法を用いずとも正解にたどり着けられるでしょう。

キーワード解説

いじめ防止対策推進法第８条（学校及び学校の教職員の責務）

学校及び学校の教職員は、基本理念にのっとり、当該学校に在籍する児童等の保護者、地域住民、児童相談所その他の関係者との連携を図りつつ、学校全体でいじめの防止及び早期発見に取り組むとともに、当該学校に在籍する児童等がいじめを受けていると思われるときは、適切かつ迅速にこれに対処する責務を有する。

問題３　正答③

①はある程度共通したものを用いるとよいでしょうが、前年度に自殺者が出た学校であるという個別性に合わせる必要があると考えるべきで、×か△とします。②は子どもの状況を把握できていない４月に行うのが良いかと考えると、常識的に×か△となるでしょう。④は「特定の価値観を押し付ける」ことと考えられ、身近に自殺者がいる家庭の子どもへの影響を想像できれば×と判断できます。⑤一方的に「プログラム参加」を「避ける」ことが教育なのかと考えた時に、個別性を考え、フォロー体制等を工夫する必要性に気づけば×と判断できます。よって、○に近いイメージを抱くことができる③が正答と導くことができます。

3 不登校

不登校とは

文部科学省は「不登校児童生徒」を「何らかの心理的、情緒的、身体的あるいは社会的要因・背景により、登校しないあるいはしたくともできない状況にあるために年間30日以上欠席した者のうち、病気や経済的な理由による者を除いたもの」（「不登校の現状に関する認識」）と定義している。

学校基本調査では、理由別長期欠席者数を公表している。理由別長期欠席者数の定義は「前年度間に30日間以上欠席した者の数。欠席は連続である必要はない。」（「学校基本調査—用語の解説」）である。つまり、1学期10日、2学期10日、3学期10日欠席した場合も該当する。

内訳は以下の4つである。

1. 病気：心身の故障やケガなどで入院、通院、自宅療養のため長期欠席した者。自宅療養については、原則として、医師の指示や診断書の有無で判断されるが、本人の周囲の者が適切と判断した場合も含む。
2. 経済的理由：家計が苦しく教育費が出せない、本人が働いて家計を助けているなどの理由で、長期欠席した者。
3. 不登校：「病気」や「経済的理由」以外の何かしらの理由で、登校しない（できない）ことにより長期欠席した者。
4. その他：「病気」、「経済的理由」、「不登校」のいずれかにも該当しない理由により長期欠席した者。例えば、「保護者の教育への考え方や無理解・無関心など家庭の事情」「外国での長期滞在、国内・外への旅行等」「「病気」と「不登校」など、欠席理由が2つ以上あり、主たる理由が特定できない者」。

注意すべきポイントは、『「病気」と「不登校」など、欠席理由が2つ以上あり、主たる理由が特定できない者』は「その他」に分類されることである。分類を問われる問題も考えられるため、頭の片隅に入れておくとよいだろう。

問題 1（オリジナル）

母親は中学1年生の娘の不登校について相談するためにSCを訪ねた。小学校時代は不登校歴はなし。中学1年生の5月のGW明けから休みがちとなり、2か月以上欠席が続いている状態。担任は時々子どもに電話をするが、本人は出てこない。子どもは、休みがちになってから表情が乏しく、家庭内でしゃべらず、自室にいることが多い。食事はとっており夜も眠れている。学校を休む理由をきくと、親子ケンカになる。母は「どう対応していいか分かりません。」と泣きながら相談した。SCの対応として、まず行うべきものを1つ選べ。

① 「思春期にはよくあること。大丈夫。そのうち登校しますよ」と励ます。
② 「今までの子育てで何か問題があったかもしれませんね。」と指摘し、「何か思い当たるふしはありますか？改善すべき点などないですか？」と聞く。
③ 母の苦労をねぎらい、現在の子どもの様子を詳しく聴く。
④ 「家庭訪問して、お子さんと話してみましょうか？」と提案する。
⑤ 教育相談室の利用を強く勧める。

問題 2（オリジナル）

不登校について正しいものを1つ選べ。

① 文部科学省の定義では、年間40日以上欠席した者をいう。
② 文部科学省の定義では、欠席には、病気や経済的な理由によるものを含むとされている。
③ 自治体の適応指導教室への出席は、学校への出席日数には含まれない。
④ 民間のフリースクール等への出席は、学校への出席日数には含まれない。
⑤ 自宅においてIT等を活用した学習活動を行った場合、学校への出席日数には含まれる。

解説＆テクニック

問題1　正答③

①×　専門職である公認心理師が、根拠も説明せず「そのうち登校しますよ」というべきではない。

②×　母の子育ての問題点を指摘しても建設的な方向にはならない。自分を非難されたと感じた母は二度と相談に来ない可能性もある。

③○　正しい。

④×　問題文を読み込めば、担任の電話にも出てこない子どもは、突然SCが家に来ても会おうとしないであろうし、SCを呼んだ母を攻撃する可能性が予想できる。

⑤×　「強く」という表現が望ましくない。

注意点としては、「SCの対応として、まず行うべきもの」が何かを問われていることを読み込むことです。ここに注目することで、③の「母の苦労をねぎらい、現在の子どもの様子を詳しく聴く」という選択肢に絞り込むことができます。①「励ます」②「指摘」⑤「強く」等の用語がある時点で、ひっかけの選択肢であることが読み取れます。このことを踏まえると、先に選択肢を読み、①②⑤は×であろうと予想し、③④を残して問題文を読めば③を選択できるでしょう。

点に差がつくミニ知識

スクールカウンセラーが家庭訪問をすることについては、自治体によりかなり制限が異なります。厳しい自治体では、必ず常勤の教員と共に家庭訪問を行わなければならないというルールがあります。もちろん、そのような制限を設けていない自治体もあります。このような現状を知っておくことで、家庭訪問のハードルの高さも理解しておくと、④を△とすることができるでしょう。

問題2　正答⑤

①×　数字が異なる。「40日以上」ではなく「30日以上」が正しい。

②×　不登校の定義は、年間30日以上の欠席で、そこには病気や経済的な理由

によるものを含まないとされている。

③×　適応指導教室への出席は、学校への出席日数に反映される。

④×　フリースクール等への出席は、学校への出席日数に反映される。

⑤○　正しい。

＊ただし「不登校の児童が適応指導教室等学校外の施設において相談・指導を受け、又は自宅においてIT等を活用した学習活動を行ったとき、そのことが当該児童の学校復帰のために適切であると校長が認める場合には、出席扱いとすることができる。この場合には、出席日数の内数として出席扱いとした日数及び児童が通所又は入所した学校外の施設名や自宅においてIT等を活用した学習活動によることを記入する」と、校長が認める場合はという注意書きがある。（文部科学省（2005）「不登校児童生徒が自宅においてIT等を活用した学習活動を行った場合の指導要録上の出欠の取扱い等について（通知）」）

知識があればすぐに解ける問題ですが、知識がない場合は消去法で候補を絞っていきましょう。まず①を知らなければ△にします。②は常識的判断で×を付けることができます。③④は不登校対策から考えると○であろうと判断できます。①の△と⑤については、時代の流れからオンデマンドで卒業できる通信制大学等が増えている現状を鑑みれば、①より⑤が○であろうと推測することができます。

キーワード解説

適応指導教室

文部科学省によると、教育支援センター（適応指導教室）とは、不登校児童生徒等に対する指導を行うために教育委員会等が「教育センター等学校以外の場所や学校の余裕教室等において、学校生活への復帰を支援するため、児童生徒の在籍校と連携をとりつつ、個別カウンセリング、集団での指導、教科指導等を組織的、計画的に行う組織として設置したものをいう。なお、教育相談室のように単に相談を行うだけの施設は含まない」と定義しています。（文部科学省（2015）「教育支援センター（適応指導教室）に関する実態調査について」）

また「不登校児童生徒の中には、学校外の施設において相談・指導を受け、学校復帰への懸命の努力を続けている者もおり、このような児童生徒の努力を学校として評価し支援するため、我が国の義務教育制度を前提としつつ、一定の要件を満たす場合に、これら施設において相談・指導を受けた日数を指導要録上出席扱いとすることができる」としています。（文部科学省（2016）「不登校児童生徒への支援の在り方について（通知）」）

COLUMN

適応指導教室の仕事内容・注意点と1日の流れ

多くの自治体の教育委員会には、教育相談室・教育センターという組織が設置されています。そこに併設、または別の場所に適応指導教室があります。適応指導教室には、色々な事情で学校に行かない・行けない子どもが通っています。そこでの目的は、学校復帰とされていることが少なくありません。それゆえ、学校よりは少し緩やかな環境で、少し遅めの時間から1時間目が始まり、学習したり、運動したり、時に調理実習や校外学習に出かけたりします。スタッフは元教員や心理職が多いです。学習への自信、小集団活動を通した人間関係の学習を行っています。ここに通う子どもは、その自治体の不登校・不登校傾向の子どもであるため、色々な学校から来ています。室内には、各校の学校だよりが掲示されています。そしてスタッフは、当該校の担任・SC と連携しながら、子どもが学校と関係を持てるように支援しています。例えば、中学生の場合は様子を見ながら定期テストのみ別室受験での登校を提案したり、週1回の担任との面談を提案したりしています。

子どもによっては、中学3年生から自分で週1回は学校の授業を受けに行き、残りの4日を適応指導教室に通うことを決めたり、SC との面談の時だけ学校に行くと決めたりしています。中学3年生の不登校の場合、進路指導を適応指導教室で支援することも少なくありません。このように子どもの状況や学年等をアセスメントし、その子にあった支援を行っています。

ある1日の活動の様子を紹介します。朝、8時半に出勤し朝の打ち合わせをスタッフで行います。9時半から子どもが通ってくるので、それまでに事務作業や準備をします。この日は午前中に調理実習を行い、みんなで昼食会（お好み焼きパーティー）をしました。スタッフがどの子につくかなどを打ち合わせで確認し、子どもを迎えます。子どもとスタッフで、調理実習の流れを確認し、作業に入りました。テンションが上がりすぎて気持ちのコントロールができない子、グループ作業で会話に困っている子などに適宜スタッフがフォローをします。無事に昼食会を終え後片づけ後、みんなで UNO などをして遊びました。その後、子どもは机について、振り返りシートに記入し、その日の振り返りを行います。帰りの会を行い、子どもは２時に帰ります。スタッフは、その日の調理実習の振り返りを行います。３時半からは、在籍校の担任が訪問し、情報交換および今後の支援方針を相談しました。担任が帰った後、月末に向けて、その月の子どもの登室状況の記録を各校に送る準備をします。各校では、その書類をもとに出席日数に反映させます。子どもが進路等で不利益を被らないようにするためにこのような配慮が行われています。

4 チーム学校

チーム学校とは

文部科学省によると「学校が、複雑化・多様化した課題を解決し、子供に必要な資質・能力を育んでいくためには、学校のマネジメントを強化し、組織として教育活動に取り組む体制を創り上げるとともに、必要な指導体制を整備することが必要である。その上で、生徒指導や特別支援教育等を充実していくために、学校や教員が心理や福祉等の専門スタッフ等と連携・分担する体制を整備し、学校の機能を強化していくことが重要である。このような『チームとしての学校』の体制を整備することによって、教職員一人一人が自らの専門性を発揮するとともに、心理や福祉等の専門スタッフ等の参画を得て、課題の解決に求められる専門性や経験を補い、子供の教育活動を充実していくことが期待できる。」と示している。

（中央教育審議会「チームとしての学校の在り方と今後の改善方策について（答申）」）

問題 1（オリジナル）

問題行動を起こした子どもに対する学校の指導で、不適切なものを１つ選べ。

① 原因および背景等を分析し、子どもへの支援・指導計画を立案する。

② 子ども自身がどうするべきかを考えて行動できるように支援・指導を行う。

③ 保護者にこの件について教員やSC等が一緒に十分な説明を行い、理解を求める。

④ 子どものプライバシー保護の観点から、担任一人で対応する。

⑤ すばやく事実確認を行う。

問題 2（オリジナル）

中学１年生の女子 A。小学校から不登校状態。中学は入学式のみ参加したものの、その後ずっと休んでいる。経済的にも厳しい家庭で、保護者は学校と連絡を取り合うことよりも、仕事優先。担任が電話をしても折り返しの電話はない状態である。担任が保護者に SC への相談を勧めるが仕事が休めずにいた。ある日、学校に電話があり「今日の午後なら半休が取れるかもしれないから SC を予約したい」と申し出があり、来室に至った。その状況を知って、担任から、自分も面接に同席させてほしい、もしくは外部の専門職につなげてほしいという申し出があった。SC の対応として、今日の面接で行うべき内容を２つ選べ。

① 仕事の休みをとり来室してくれたことをねぎらい、その後、子どもの近況を聴く。
② 担任も心配しており面接に同席したいと言っているが、同席してもいいか、それとも今日は SC のみと話す方がいいかと保護者の意向を確認する。
③ 家庭訪問をしてくれる SSW の利用を勧める。
④ 就学援助の利用を提案する。
⑤ 校長との面談を提案する。

解説＆テクニック

問題 1　正答④

①②③⑤○　正しい。
④×　「担任一人で対応する」という部分が間違い。チームで対応することが望ましい。

①②③⑤は、常識的に○と判断できるでしょう。④に関しては「担任一人」という担任が抱える構造になることへの着目と「チーム学校」のイメージができれば×にできます。また「○○一人」「○○のみ」などの限定された記述は×を付けるように意識しておきましょう。

キーワード解説

「チームとしての学校」を実現するための３つの視点

文部科学省によると、「チームとしての学校」を実現するためには、３つの視点が重要とされています。

1. 専門性に基づくチーム体制の構築

教員が、学校や子供たちの実態を踏まえ、学習指導や生徒指導等に取り組むため、指導体制の充実が必要である。加えて、心理や福祉等の専門スタッフについて、学校の職員として、職務内容等を明確化し、質の確保と配置の充実を進めるべきである。

2. 学校のマネジメント機能の強化

専門性に基づく「チームとしての学校」が機能するためには、校長のリーダーシップが重要であり、学校のマネジメント機能を今まで以上に強化していくことが求められる。そのためには、優秀な管理職を確保するための取組や、主幹教諭の配置の促進や事務機能の強化など校長のマネジメント体制を支える仕組みを充実することが求められる。

3. 教職員一人一人が力を発揮できる環境の整備

教職員がそれぞれの力を発揮し、伸ばしていくことができるようにするためには、人材育成の充実や業務改善の取組を進めることが重要である。

つまり、「チーム学校」は①担任一人で抱え込まず、専門職を交えたチーム体制を組む、②校長がリーダーシップを発揮できるように、学校のマネジメント機能を強化、③教員の業務の軽減の３つがポイントです。

(中央教育審議会「チームとしての学校の在り方と今後の改善方策について（答申)」

問題２　正答①②

長引く不登校ケースで、経済的に厳しい家庭で、学校と連絡がとれない状態にあるため、かつ担任からSCにいくつか要請もあり、どの選択肢が正しいか迷いが生じたかもしれません。しかし「今日の面接で行うべき内容を2つ」という指示に着目しましょう。⑤は初めての面接でまず伝えるべきことかどうかを考えれば、確実に消去できるでしょう。すると、厳しい状況の中、子どものことを心配し急遽仕事の調整をしてくれた保護者をねぎらい(①)、その後子どもの様子を聴くというのが初回面接の流れです。また、チーム学校の観点から、SCだけでなく保護者が担任とも関係を作っておくことでより支援体制が強化されます。それゆえ、②を提案し、保護者が了承すれば担任が同席し、了承しなければSCのみで「今日の面接」を行うのが適切です。保護者をねぎらい、保護者の意向を汲み、関係を作ることで「また相談に来よう」と保護者は感じることでしょう。③④については、相談を勧めながら、行うことを検討します。

点に差がつくミニ知識

この手の問題は、作成者がどこを重視して問題を作っているかを考え、SCとしての対応の順序を考えれば解きやすいと思います。①と⑤で迷った人は、「順序」を意識できると正答を選べるでしょう。問題文の指示、「まず行うべきもの」「最も適切なもの」「初期の対応として最も適切なもの」などのキーワードに着目し、下線を引くなどの工夫を日ごろから行いましょう。

キーワード解説

「就学援助」について聞き慣れない人もいるでしょう。学校教育法第19条に「経済的理由によって、就学困難と認められる学齢児童又は学齢生徒の保護者に対しては、市町村は、必要な援助を与えなければならない。」とあります。一定の収入以下の家庭が申請すれば、給食費、宿泊学習費が補助されます。生活保護申請よりも基準が低いため、より多くの家庭が利用しやすいように設定されています。

5 コンサルテーション

国立特別支援教育総合研究所は、コンサルテーションを「異なる専門性をもつ複数の者が、援助対象である問題状況について検討し、よりよい援助の在り方について話し合うプロセス」と定義している。そして「自らの専門性に基づいて他の専門家を援助する者を『コンサルタント』、そして援助を受けるものを『コンサルティ』」と呼び、「基本的には、二人の専門家の間でコンサルタントがコンサルティに対して、コンサルティのかかえているクライアント（援助やサービスなどを直接的に必要としている人）に関係した特定の問題を、コンサルティの仕事の中でより効果的に解決できるように援助する取組」のことをいう。

問題 1（オリジナル）

学校教職員へのコンサルテーションとして含まれないものを1つ選べ。

① 校内委員会、ケース会議等の特別支援教育、教育相談の会議における助言・援助等を行うこと。
② 子どもへの個別対応・集団対応へのアドバイス等を行うこと。
③ 子どもへの教育的・心理的活動を行う際へのアドバイス等を行うこと。
④ 対応に苦慮するケースに直面している担任に代わり、保護者等と面接等を行うこと。

問題 2（オリジナル）

SCが行うコンサルテーションの説明で適切なものを1つ選べ。

① SCはコンサルティである初任者教員の育成・成長のためのコンサルテーションを行う。
② コンサルテーションを行うそのケースにおける最終責任はコンサルタントであるSCにある。
③ 管理職はSCの上司に位置づけられるため、SCが管理職のコンサルテーションを行うことはない。
④ コンサルタントであるSCとコンサルティである初任者教員における関係性は対等である。

解説＆テクニック

問題１　正答④

①②③○　正しい記述である。

④×　コンサルテーションを行うコンサルタントは、直接クライアントに関わることはしない。

コンサルテーションの意味合い（コンサルテーションを行うコンサルタントは、直接クライアントに関わることはしない）を理解していれば、④がコンサルテーションの中身に含まれないと分かります。仮にコンサルテーションを理解していなくても、①②③を間接的支援、④を直接的支援と分けられれば、問題文に「コンサルテーションに含まれないものを１つ選べ」とあるので、１つしかない直接的支援の④を正答と導くことができます。

問題２　正答④

①×　コンサルティの育成・成長はコンサルテーションの目的ではない。

②×　そのケースの最終責任はコンサルティ（教員）にある。

③×　確かに職務の位置づけ上、管理職はSCの上司に当たる。しかし、だからといって依頼があれば、SCは管理職にコンサルテーションを行ってはいけないということではない。依頼があれば行う。

④○　コンサルタントとコンサルティの関係性は対等である。

コンサルテーションとスーパービジョンの違いを理解していないと、すぐに正答にたどり着くのは難しい可能性があります。しかし、いわゆる一般社会におけるコンサルタントという言葉のイメージを持ち、想像を膨らますことができれば、消去法を用いて正答を導き出すことが可能です。会社に赴くコンサルタントが、その会社のコンサルティ自身の育成・成長を目標とするかと考えれば、×という判断ができます。ただし、「初任者教員」というひっかけのキーワードに惑わされないように気を付ける必要があります。②は、会社に赴くコンサルタントがコンサルティの抱える問題の最終責任を担うことは普通に考えれば妥当ではないので、×という判断ができます。③は「管理職はSCの上司に位置づけられるため」というひっかけのキーワードに惑わされないように気を付ける必要があります。しかし、会社に赴くコンサルタントが、その会社の管理職に求められているのにコンサルテーションを行わないのはおかしいと気づくことで×を付けられます。そして、残った④を正答であろうと判断することができます。

キーワード解説

コンサルテーションとスーパービジョンの違い

	コンサルテーション	スーパービジョン
人物	コンサルタント（援助する者） コンサルティ（援助を受ける者）	スーパーバイザー（指導する側） スーパーバイジー（指導を受ける者）
関係性	対等な関係	上下関係
専門性	異なる	同じ
目的	コンサルティのかかえているクライアントに関係した特定の問題を、より効果的に解決できるように援助すること	スーパーバイジーの知識・技能、臨床的態度の習得・向上

COLUMN

教育相談の仕事内容・注意点と１日の流れ

多くの自治体の教育委員会には、教育相談室・教育センターという組織が設置されています。そこには教育職・心理職が配置されていて、その自治体に住む子どもの教育に関する相談を受けています。保護者のみで来る場合もあれば、親子で来る場合もあります。後者の場合は、親担当、子ども担当の相談員がそれぞれにつく場合が多いです。

例えば、学校での友人トラブルの相談であれば、保護者担当は今までの経緯を聴いたりしながらカウンセリングを行ったり、時に助言をしたりします。子ども担当は、プレイセラピーや遊びを通して子どもの発達段階をアセスメントしたり、時に保護者と保護者担当からの提案を受けて、知能検査をしたりします。知能検査を実施した場合は、まず保護者に検査結果や学校・家庭で行える手立てを伝えます。機関によっては、子どもにも得意なこと、苦手なこと、手立てをフィードバックすることもあります。そして、保護者の希望があれば、２人の担当者が学校に出向き、担任にフィードバックするときもあります。その際に、保護者も同席することがあります。

ある１日の活動の様子を紹介します。朝、８時半に出勤し朝の打ち合わせを相談員で行います。この日は相談員全員が揃っている曜日のため、9時から会議でした。1週間の電話相談の報告、動きがあったケースの報告、インテーク面接後の担当者決め等をお昼まで行いました。午後1時から、教育委員会より市内の小学校での緊急対応をしてほしいと連絡があり、相談体制を整えました。午後2時半から、初任者向けの研修会の講師を依頼されていたので、研修会場に向かいました。職場では私の同期がリーダーとして、緊急対応の指揮をとってくれていました。残りのスタッフは、自分の予約のカウンセリングをしながら、隙間時間に緊急対応の方針を打ち立てる作業を行いました。この日は緊急対応があったため、相談員はケース記録を数行だけメモして、明日以降の緊急対応による当該学校への相談員の緊急派遣スケジュール等を確認して退勤しました。

教育相談室では、多くのところが就学前から中学3年生（場合によっては高校3年生）までの相談を受けます。幼児期、児童期、思春期、青年期の手前までの幅広い相談を受けるのが特徴です。小中学校にはSCもいますが、SCは週に1回程度の勤務であるため、緊急対応が起きたら、教育相談室で対応せざるを得ないのです。教育委員会から難しい問題を依頼されることも少なくありません。しかし、心理の専門職としての見解を伝え、自分の限界を見極めながら、必要な時は他機関にリファーを求めることもあります。

このような事情の中、普段の相談活動、研修講師、緊急対応等の臨床実践が展開されています。

COLUMN

学生相談の仕事内容・注意点と1日の流れ

大学には、学生のよりよい適応をはかり、その個性や能力の伸張のための援助として、「学生相談」とよばれる活動および機能があります。ほとんどの大学には、「学生相談センター／室」といった名称で、常時開室の相談施設が設置されています。そこでは、教員との兼任、あるいは専門資格を有する専任のカウンセラーが学生への心理的援助活動を行っています。その内容は、①学生を対象とした、個別カウンセリングやグループカウンセリング、予防・啓発としてのガイダンスや心理教育プログラム、②教職員を対象としたコンサルテーションや研修、③保護者を対象としたコンサルテーションや講話、④学内委員会への出席や調査・研究等、全学コミュニティを対象とした活動になります。

ある1日の活動の様子を紹介します。

朝、9時に出勤すると自席のPCを立ち上げ、メールをチェックします。9時30分、相談室スタッフと連絡事項、1日の予定等を確認、共有します。場合によっては、お互いの受け持つケースに関して見立てや対応を話し合うこともあります。この日は、10時から個別カウンセリングが入っていました。基本的には個々の学生の希望に応じて日時を設定します。カウンセリングを終えると、他部署から電話がかかってきました。緊急のケースに関する連絡もあるため、内容をしっかり確認します。12時からはグループカウンセリングを実施しました。事前の準備を整え、5名の学生とグループエンカウンターのワークを行いました。14時からは記録の整理です。14時30分、継続的に支援している学生から休学の希望があり、担当部署職員と情報共有を行いました。15時、月に1回開催される学生支援に関する委員会に出席しました。学内の学生支援に関わる教職員に対して、ここ最近の相談傾向を報告しました。16時からもう1件、個別カウンセリングを実施しました。カウンセリングを終えて、閉室の準備をしていると「まだ、やっていますか？」と言って、学生が入ってきました。とりあえず面接室に誘い、閉室の時間であることを告げながら、ざっと相談内容と本人の様子を確認し、問題の緊急度をはかります。この場でカウンセリングを行うほどの状況ではないと判断し、後日に予約を入れてもらうこととしました。17時30分、学内ネットワークを確認し、急ぎの案件があるかどうかを確認します。午後の面接記録の整理を今日中にしていくか、明日にするかで迷った末、明日にすることにして退勤しました。

大学生はいわゆる青年期にあたりますが、この時期は心理的に不安定な時期でもあり、精神疾患の好発時期ともいわれます。物理的、心理的に親から離れる時期であり、危機的な状況に陥りやすいのです。自殺をはじめ、危機への支援を常に意識しておくことが求められます。

もう1つ、大学では高校までのようなクラス担任制度がなくなります。あったとしても高校までのように毎日同じ教室に集まり、担任が出席をとるというようなきっちりした枠組みではありません。このことは、連携を要する学生の支援を展開する際、困難をもたらすこととなります。支援の要となる存在、キーパーソンが不在となる状況が珍しくありません。

こうした特徴を踏まえたうえでの臨床実践が展開されています。

CHAPTER

10 司法・犯罪に関する心理学

1 少年法

少年法とは

少年法とは20歳未満の少年に対して適用される法律であり、罪を償うことよりも教育の機会等を与えることにより、更生することを目指しているものである。そのため、「裁判」ではなく「審判」が実施されるなど、成人とは違う処分の流れがある。

問題 1 (2018年追問20)

非行について、正しいものを1つ選べ。

① 校内暴力は中学校と高等学校で増加傾向にある。

② 非行少年とは触法少年、虞犯少年及び不良行為少年の3つをいう。

③ 少年鑑別所は非行に関する親や学校からの相談や非行防止への援助の義務を担う。

④ 児童相談所は家庭裁判所から送致を受けた少年を児童自立支援施設に措置することはできない。

⑤ 非行少年は家庭裁判所での審判を受け、保護観察又は少年院送致のいずれかの保護処分を受ける。

問題 2 (2018年問56)

保護観察制度について、正しいものを2つ選べ。

① 保護観察の特別遵守事項は変更されることがある。

② 刑事施設からの仮釈放の許可は保護観察所長の決定による。

③ 保護観察処分に付された少年は少年院送致になることはない。

④ 保護観察中に転居する場合、同一都道府県内であれば保護観察所長に届け出る必要はない。

⑤ 少年院仮退院者の保護観察を継続する必要がなくなった場合、地方更生保護委員会が退院を検討する。

問題 3（2019 年問 55）

虞犯について、正しいものを2つ選べ。

① 虞犯少年とは 14 歳以上の者をいう。

② 虞犯少年は少年院送致の処分を受けることがある。

③ 虞犯という概念は少年に限らず、成人にも適用される。

④ 虞犯少年とは、将来罪を犯すおそれのある少年のことをいう。

⑤ 虞犯少年は児童相談所における措置は受けるが、家庭裁判所には送致されない。

問題 4（2020 年問 65）

9歳の男児 A、小学3年生。A は、学校でけんかした級友の自宅に放火し、全焼させた。負傷者はいなかった。A はこれまでにも夜間徘徊で補導されたことがあった。学校では、座って授業を受けることができず、学業成績も振るわなかった。他児とのトラブルも多く、養護教諭には、不眠や食欲不振、気分の落ち込みを訴えることもあった。A の家庭は、幼少期に両親が離婚しており、父親 B と二人暮らしである。家事は A が担っており、食事は自分で準備して一人で食べることが多かった。時折、B からしつけと称して身体的暴力を受けていた。

家庭裁判所の決定により、A が入所する可能性が高い施設として、最も適切なものを1つ選べ。

① 自立援助ホーム

② 児童自立支援施設

③ 児童心理治療施設

④ 児童発達支援センター

⑤ 第三種少年院（医療少年院）

解説＆テクニック

問題１　正答③

①×　小学校では増えているが、中学、高校では減ってきている。

②×　不良少年ではなく、犯罪少年である。

③○　適切である。

④×　送ることができる。

⑤×　児童自立支援施設や児童養護施設に送ることもある。

基本問題なので、②④⑤は余裕を持って×を付けられるようになっておきましょう。①が迷うところですが、校内暴力のニュースなどが「減ってきている感覚」を持てていれば、それに従って、こじらせずに×を付けましょう。

点に差がつくミニ知識

児童養護施設と児童自立支援施設は狙われやすいです。特に児童自立支援施設は漢字からも内容が推測しにくいために要チェックです。児童養護施設は両親がいなかったり、いても虐待のおそれがあったりして両親のもとに返せないときに検討されます。児童自立支援施設は必ず「非行」の履歴があります。義務教育を終えたから、高校を卒業したから「自立」という意味ではないので覚えておきましょう。

問題２　正答①⑤

①○　適切である。

②×　仮釈放は地方更生保護委員会が決める。

③×　仮退院の期間中に保護観察の遵守事項に違反すると、家庭裁判所の戻し収容の決定で再び少年院に収容されることがある。

④×　転居又は７日以上の旅行をするときは、あらかじめ、保護観察所の長の許可を受ける必要がある。

⑤○　適切である。

保護観察についての問題は少なく、これを完全に把握している受験生は少ないといえますが、消去法とテクニックで正答はできます。①は「変更されることがある」と含みを持たせているので○と当たりを付けます。③と④は「ことはない」「必要はない」と断定しているので、×である可能性を考慮します。②は知らないと解けないので△を付けて残しながら、⑤で「検討する」という言葉があるので、こちらであると当たりを付けると①と⑤になります。

点に差がつくミニ知識

第1回試験では地方更生保護委員会が出題されました。保護観察所長と内容が変更されて出題されやすいので、役割を押さえておきましょう。

更生保護法第16条によると地方更生保護委員会の所掌事務は

1. 刑法第28条の行政官庁として、仮釈放を許し、又はその処分を取り消すこと。
2. 刑法第30条の行政官庁として、仮出場を許すこと。
3. 少年院からの仮退院又は退院を許すこと。
4. 少年院からの仮退院中の者について、少年院に戻して収容する旨の決定の申請をすること。
5. 少年法第52条第1項又は同条第1項及び第2項の規定により言い渡された刑（不定期刑）について、その執行を受け終わったものとする処分をすること。
6. 刑法第25条の2第2項及び第27条の3第2項の行政官庁として、保護観察を仮に解除し、又はその処分を取り消すこと。
7. 婦人補導院からの仮退院を許し、又はその処分を取り消すこと。
8. 保護観察所の事務を監督すること。
9. 前各号に掲げるもののほか、この法律又は他の法律によりその権限に属させられた事項を処理すること。

上記の9項目について、完璧に覚える必要はありませんが、試験問題の選択肢を見て常識的に判断できる程度に理解しておくことがポイントであり、この項目について保護観察所長と変えられていたら×を付けられるようにしておきましょう。

問題３　正答②④

①×　20歳未満。

②○　適切である。

③×　不適切である。

④○　適切である。

⑤×　送致される。

「正しいものを２つ選べ」でも、消去法が合理的です。①は14歳未満でもあり得るので×。②は迷う方もいるかもしれませんが、「受けることがある」と含みを持たせているので、「テクニックとして」○を付けます（少年院送致があることもここで押さえましょう）。③については「少年法」の年齢対象範囲を知っていれば×。⑤は少年院送致があり得る以上、家庭裁判所送致もあることを論理的に考えられれば×。したがって、②と残った④を選択します。

COLUMN

少年法の対象となる非行少年は、

(1) 犯罪少年（14歳以上で罪を犯した少年）

(2) 触法少年（14歳未満で(1)に該当する行為を行った少年―14歳未満の少年については刑事責任を問わない）

(3) 虞《ぐ》犯少年（保護者の正当な監督に服しない性癖があるなど、その性格又は環境に照らして、将来、罪を犯し、又は刑罰法令に触れる行為をするおそれがあると認められる少年）

に区別されます。

これは非常に出題されやすいと考えられるため、ぜひ覚えておきましょう。

問題４　正答②

①×　不適切である。

②○　適切である。

③×　不適切である。

④×　不適切である。

⑤×　不適切である。少年院送致はおおむね12歳から。

選択肢の①自立援助ホーム、③児童心理治療施設、④児童発達支援センターについては、実際に働いている方を除くとイメージがしにくいのではないかと考えられます。そのような際には△をつけて次にいきましょう。そして⑤第三種少年院医療少年院について、少年院送致がおおむね12歳からであることを知っていれば×を付けられます。残った児童自立支援施設は×を付けられないので、これが正答となります。

2 医療観察法

医療観察法とは

医療観察法とは、正式名称は「心神喪失等の状態で重大な他害行為を行った者の医療及び観察等に関する法律」であり、心神喪失等の状態で罪を犯した者に対して、必要な医療を行うことによって症状の改善を図り、事件が繰り返さない状態で社会復帰を促進することが目的である。

COLUMN

この法律は、2001 年に起きた大阪教育大学附属池田小学校の襲撃事件をきっかけにして、2005 年に施行されました。

問題 1（オリジナル）

医療観察法が適用される 6 罪種について、以下の中から誤っているものを 1 つ選べ。

① 放火とその未遂

② 殺人とその未遂

③ 強制性交および準強制性交とその未遂

④ 強制わいせつ

⑤ 違法薬物の所持、使用

問題 2（2018 年追問 31）

心神喪失等の状態で重大な他害行為を行った者の医療及び観察等に関する法律〈医療観察法〉に規定する内容として、正しいものを 1 つ選べ。

① 指定医療機関の指定は、法務大臣が行う。

② 精神保健観察の実施は、保護司が従事する。

③ 対象となる行為には、恐喝や強迫が含まれる。

④ 精神保健参与員は学識経験に基づき、審判でその意見を述べなければならない。

⑤ 被害者等は、裁判所の許可により審判を傍聴できるが、意見を述べることはできない。

点に差がつくミニ知識

「心神喪失等」というのは、心神喪失と心神耗弱です。前者は「精神障害のために善悪の判断をする能力がない状態の者」を指し、心神喪失者の犯罪は「罰しない」とされています。後者は「精神障害のために善悪の判断能力が著しく低い状態の者」を指し、心神耗弱者の犯罪は「その刑を軽減する」とされています。

キーワード解説

「被害者等の傍聴」については医療観察法第47条に以下の記載があります。

1. 裁判所は、この節に規定する審判について、最高裁判所規則で定めるところにより当該対象行為の被害者等（被害者又はその法定代理人若しくは被害者が死亡した場合若しくはその心身に重大な故障がある場合におけるその配偶者、直系の親族若しくは兄弟姉妹をいう）から申出があるときは、その申出をした者に対し、審判期日において審判を傍聴することを許すことができる。
2. 前項の規定により審判を傍聴した者は、正当な理由がないのに当該傍聴により知り得た対象者の氏名その他当該対象者の身上に関する事項を漏らしてはならず、かつ、当該傍聴により知り得た事項をみだりに用いて、当該対象者に対する医療の実施若しくはその社会復帰を妨げ、又は関係人の名誉若しくは生活の平穏を害する行為をしてはならない。

下線部の事項が今後出題に関わってくると思われるので、「名誉若しくは生活の平穏を害する」かどうかで判断をしていきましょう。

点に差がつくミニ知識

精神保健参与員は、地方裁判所が処遇事件ごとに指定する者です。「地方裁判所」「処遇事件ごと」などが出題される可能性があるので覚えておきましょう。

解説&テクニック

問題 1　正答⑤

医療観察法の対象行為はいわゆる「6 罪種」に限定されています。「6 つ」であることと、その内容が出題される可能性があるので、押さえておきましょう。

6 罪種は以下の通り。

1. 放火とその未遂
2. 殺人とその未遂
3. 傷害（軽微なものは除く）
4. 強盗とその未遂
5. 強制性交および準強制性交とその未遂
6. 強制わいせつ

全て完璧に覚えるというよりは、薬物やインターネットを通じたものは該当しないことを押さえておきましょう。

問題 2　正答⑤

①×　厚生労働大臣である。
②×　精神保健観察は保護観察所の社会復帰調整官が実施する。
③×　適切でない。問 1 を参照。
④×　特に必要がなければ述べる必要はない。
⑤○　適切である。

この問題はメジャーでない詳細な出題であること、テクニックが使いにくいことなどから、正答は比較的難しいと考えられます。今回は正答できなくても気にしなくて良いと思います。解答への流れとして、①②は△を付けます。③は自信をもって×を付け、④は「述べなければならない」が「強すぎる表現」だと考えて×。⑤①②で検討し、「法務大臣」、「保護司」といった「変えられやすい」言葉があることから⑤を選ぶのがあえてのテクニックです。

3 裁判員裁判

裁判員裁判とは

裁判員裁判とは、一般市民が裁判員となって、裁判官と一緒に刑事被告人が有罪であるか否か、どれくらいの刑を課すべきかを決める制度である。一般市民が刑事裁判に参加することにより、裁判が身近で分かりやすいものとなること、かつ、健全な社会常識に基づく裁判が行われることで、司法に対する一般市民の信頼の向上につながることが期待されている。

問題 1（オリジナル）

以下の選択肢の中から、裁判員裁判の対象として、不適切なものを１つ選べ。

① 殺人

② 強盗致死傷

③ 危険運転致死

④ 覚せい剤取締法違反

⑤ 離婚裁判

問題 2（2018 年問 53）

裁判員裁判について、正しいものを２つ選べ。

① 原則として、裁判官３人と国民から選ばれた裁判員６人の計９人で行われる。

② 被告人が犯罪事実を認めている事件に限り審理し、量刑のみを判決で決める。

③ 裁判員は判決前には評議の状況を外部に漏らしてはいけないが、判決以降は禁止されていない。

④ 職業裁判官と裁判員が評議をつくしても全員の意見が一致しない場合、多数決の方式を採用して評決する。

⑤ 地方裁判所の裁判員裁判の決定に不服があって高等裁判所で審理をされる場合も裁判員裁判をしなければならない。

COLUMN

出題される可能性があるのは「裁判員」と「陪審員」の違いです。裁判員制度は、市民から選ばれた裁判員が職業裁判官とともに有罪無罪の判断や、有罪の場合の刑の重さを決める制度であるのに対し、陪審員制度は市民から選ばれた陪審員のみで有罪無罪の判断をする制度です。陪審員制度では、刑の重さは職業裁判官が判断します。

解説＆テクニック

問題 1　正答⑤

まず、前提条件として裁判員裁判が行われるのは刑事事件のみであることを覚えておきましょう。そのことを知っていると、比較的容易に⑤を選ぶことができます。それを知らなくても「不適切なものを 1 つ選べ」ということは、性質が違うものを選べばよいので、①から④は刑事裁判、⑤だけが民事裁判であることに気づければ、知識がなくても正答できます。

点に差がつくミニ知識

裁判員裁判は刑事裁判の中でも一定の重大事件についてのみ実施されます。例として、最も重い刑として死刑や無期懲役が定められている罪、故意の犯罪行為で人を死亡させた罪において裁判員裁判が行われます。よって、裁判員裁判は強盗致死傷では実施されますが強盗罪では行われないことも知っておきましょう。

問題 2　正答①④

①④○　適切である。

②×　犯罪事実を認めていなくても適用される。

③×　判決以降も漏らしてはいけない。

⑤×　高等裁判所は適用外である。

少し難しい問題ですが、消去法で進めていくことが現実的でしょう。②③は常識的に×を付けられます。残りは①④⑤ですが、①の数字については覚えていないと出てこないので△に。残りの④と⑤で検討します。⑤の「しなければならない」が強い表現なので、ここで勘を働かせて×を付けるのがテクニックです。

点に差がつくミニ知識。

裁判員裁判は評定が一致しないと多数決になりますが、裁判員だけによる意見では被告人に不利な判断（被告人が有罪か無罪かの評決の場面では、有罪の判断）をすることはできず、裁判官１名以上が多数意見に賛成していることが必要です。また、裁判員裁判は地方裁判所で行われる刑事事件が対象になり、刑事裁判の控訴審・上告審や民事事件、少年審判等は裁判員裁判の対象とはなりません。

4 DV 防止法

DV 防止法とは、配偶者からの暴力の防止と被害者の保護を目的にしたものである。主な支援施設として、配偶者暴力相談支援センターなどがある。被害者の保護に関しては、医師等には通報及び必要な情報提供を行うように、また、通報を受けた警察官には必要な措置を講ずるよう努力義務を課している。

問題 1（オリジナル）

DV 防止法について、次の記述の中から誤っているものを１つ選べ。

① DV 防止法は一緒に住んでいない恋人関係においても適用される。

② 通告は、守秘義務に優先される。

③ 接近禁止命令は６か月間、被害者の住居、その他の場所において、被害者の身辺につきまとい、または被害者の住居、勤務先その他の通常所在する場所の付近の徘徊を禁止するものである。

④ 退去命令は２か月、被害者と共に生活の本拠としている住居から退去すること、および当該住居の付近を徘徊することを禁止するものである。

⑤ 接近禁止命令や退去命令などの保護命令は地方裁判所から出される。

問題 2（2018 年追問 96）

配偶者からの暴力の防止及び被害者の保護等に関する法律〈DV 防止法〉について、正しいものを１つ選べ。

① 女性から男性への暴力は対象外である。

② 被害者の保護命令申立ては警察に対して行う。

③ 保護命令のうち被害者への接近禁止命令の期間は１年間である。

④ 婚姻関係以外の単なる同居中の交際相手からの暴力は対象外である。

⑤ 緊急時の安全確保のための施設には、厚生労働大臣が定めた基準を満たした母子生活支援が含まれる。

点に差がつくミニ知識

DV が「家庭内暴力」と訳されるため、保護命令が「家庭裁判所」に申し立てると思っている受験生が比較的多いです。家庭裁判所は非行少年対応と離婚対応であり、それ以外は対象外であることを覚えておきましょう。

COLUMN

DV でもデート DV など様々な言葉があります。アメリカを中心に IPV（Intimate Partner Violence：親密なパートナーの暴力）という言葉で統一されてきています。日本においてはまだ「DV 防止法」ですが、押さえておきたい言葉です。

解説＆テクニック

問題 1　正答①

①×　対象ではない。

②③④⑤○　適切である。

基本的な問題なので、この問題を通じてDV防止法の理解を深めましょう。①は同居していない恋人関係であれば、会わなければよいだけなので対象となりません。保護命令においては徘徊も禁止されていることを併せて覚えましょう。

問題 2　正答⑤

①④×　対象となる。

②×　地方裁判所である。

③×　6か月である。

⑤○　適切である。

少し難しいですが、消去法で正答したいところ。①②③は常識として、また退去命令が2か月であることも同時に覚えましょう。④と⑤で迷いますが、⑤に△を付け、「事実婚も対象となる」ことを押さえておけば⑤が残ります。

5 その他法律問題

公認心理師試験においては、臨床心理士資格試験では出題されないような問題（例えば親権の一時停止など）が出題された。そのような問題を取り上げ、テクニックをお伝えする。

COLUMN

法律の問題が出題されますが、念頭に置いていただきたいのは「心理職の試験」であるということです。司法試験ではないので、細かな法解釈や判例の知識などは出題されません。あくまで言葉や数字が変えられるだけなので、そのことを押さえておきましょう。

問題 1（2018 年問 105）

虐待など、父母による親権の行使が困難又は不適当な場合、子や親族などの請求により親の親権を一時的に停止することができるのは誰か。正しいものを１つ選べ。

① 知事
② 検察官
③ 市町村長
④ 児童相談所長
⑤ 家庭裁判所（裁判官）

問題 2（2018 年追問 115）

保護観察において受講が義務付けられた、医学、心理学、教育学、社会学その他の専門的知識に基づく、特定の犯罪傾向を改善するための体系化された手順による専門的処遇プログラムに該当しないものを１つ選べ。

① 暴力防止プログラム
② 飲酒運転防止プログラム
③ 性犯罪者処遇プログラム
④ 暴力団離脱指導プログラム
⑤ 薬物再乱用防止プログラム

解説&テクニック

問題 1　正答⑤

この問題は積極的に⑤を選びたいところ。間違えた人は「親権は家庭裁判所」と覚えておきましょう。民法第 834 条の 2 は「親権停止の審判」について「父又は母による親権の行使が困難又は不適当であることにより子の利益を害するときは、家庭裁判所は、子、その親族、未成年後見人、未成年後見監督人又は検察官の請求により、その父又は母について、親権停止の審判をすることができる」とあり、そして第 2 項には「家庭裁判所は、親権停止の審判をするときは、その原因が消滅するまでに要すると見込まれる期間、子の心身の状態及び生活の状況その他一切の事情を考慮して、2 年を超えない範囲内で、親権を停止する期間を定める」とあります。

点に差がつくミニ知識

検察官は特別養子縁組の離縁などにも関わりますが、基本的に「請求する立場」であることを知っておきましょう。

問題 2　正答④

この問題について最初から知っている人は少ないと思いますが、国語力、常識力で対応が可能です。問題文に「保護観察」とあるために、少年が対象であるとわかれば、「暴力団離脱」の事例は少ないと推察できること、そして「暴力団離脱」の体系化は難しいことを常識力で判断できれば④を選べます。

COLUMN

家庭裁判所調査官の仕事内容・注意点と 1 日の流れ

家庭裁判所調査官は、心理学、社会学といった人間諸科学の知識をもとに、家庭裁判所で取り扱われる「家事事件」、「少年事件」について調査等を行う国家公務員です。裁判所職員採用総合職試験（家庭裁判所調査官補）を受験して採用された後，国による２年間の養成研修及び試験を経て任官します。任官後は、日本全国の家庭裁判所に配属されて活躍します。
ある１日の流れを紹介します。
午前８時半、まずは、担当する事件の当事者を、家庭裁判所に呼び出すための通知書を作成します。家事事件（親族間の紛争など、家庭に関する事件のこと）では、通常の裁判と違い、プライバシーに配慮しながら、慎重に当事者同士の感情的対立を解消することが求められます。したがって、当事者に送る通知書の文面には、細やかな気遣いが求められます。
午前９時、調査官ミーティングが始まります。ミーティングでは、通常３人から５人の調査官（「組」と呼ばれています）が、自身の担当するケースについて、進捗を報告しあいます。組を統括する経験豊富な主任調査官から助言を受ける等して、今後の方針をまとめます。
午前９時半、家事調停への立会が始まります。家事調停では、調停委員会や裁判所書記官と連携しながら、当事者の話し合いを援助します。この日は、夫側から、「妻と離婚したいが、子どもをどちらが育てるかで喧嘩になってしまう。家庭裁判所で冷静に話し合いたい。」という申立てがありました。このような事件では、父母が激しく対立する中で、子どもは父母に気を遣い、自分の気持ちを自由に表現する機会を失っていることがあります。調査官は、夫と妻の主張を聞いた後、必要があれば、直接子どもと会って話をしたり、幼稚園や保育園、その他の機関に出向いて、父母のこれまでの養育状況等を調査する等して、子の利益が守られるよう努めます。
調停が終了すると、昼休みです。昼食は組の調査官が集まって、雑談しながら食べることが多いです。調査官の仕事は、気持ちの切り替えを上手にしていくことが大切で、昼休みは重要な時間です。
午後１時、多職種合同のミーティングに参加し、裁判所全体としての現状や課題を確認します。午後１時半、席に戻り、担当事件の記録を読んだり、組の他のメンバーが作成した通知書や調査報告書をチェックし、間違いやもう一度検討するべき箇所に赤字を入れたりします。
午後３時、少年事件（満20歳に満たない少年が、犯罪を起こしたり、今後起こすおそれがあって、家庭裁判所が取り扱うよう少年法により定められた事件のこと）の調査のため、裁判所に呼び出していた少年とその保護者がやってきました。少年、保護者と約１時間半の面接をしたのち、その結果や各種資料から、少年の非行のメカニズムを検討します。保護者の監護力やその他の社会的資源の活用状況も踏まえながら、その少年にもっとも合った処遇を考え、裁判官宛の少年調査票を作成します。

午後5時、終業の時間です。残業をする場合は、管理責任者の承認を受けるようにします。裁判所では、可能な限り残業がなくなるよう、さまざまな取り組みがなされています。その成果もあり、極端に残業の多い時期や部署というものはないように思われます。

以上、ある1日の流れでした。

MEMO

CHAPTER

11 産業・組織に関する心理学

1 ストレスチェック制度

ストレスチェック制度とは

ストレスチェック制度とは2014（平成26）年6月25日に公布された「労働安全衛生法の一部を改正する法律」により、心理的な負担の程度を把握するための検査（ストレスチェック）及びその結果に基づく面接指導の実施等を内容とした制度（労働安全衛生法第66条の10に係る事業場における一連の取組全体を指す）のことである（2015（平成27）年12月1日施行）。

COLUMN

企業のメンタルヘルス対策は、かつては福利厚生の視点からなされる場合がほとんどでした。しかし近年は、経済産業省が東京証券取引所と共同で、従業員の健康管理を経営的な視点で考え、戦略的に取り組んでいる企業を「健康経営銘柄」として選定し公表することで、企業の健康経営の取組が、株式市場等において適切に評価される仕組みづくりに取り組むなど、「経営戦略としてのメンタルヘルス対策」が推奨されてきています。

問題 1（2018年問28）

産業保健について、正しいものを1つ選べ。

① 事業場を経営する者を管理監督者という。
② 労働者は自らの健康管理に関する安全配慮義務を負う。
③ ストレスチェック制度は労働者のうつ病の早期発見を目的とした取組である。
④ 常時50人以上の労働者を使用する事業場は、産業医を選任しなければならない。
⑤ 過労死等防止対策推進法における「過労死等」とは、業務における過重な負荷による脳血管疾患又は心臓疾患を原因とする死亡をいう。

問題 2（オリジナル）

ストレスチェック制度についての以下の記述のうち、最も適切なものを１つ選べ。

① ストレスチェックは質問紙を配布し、得点の高い従業員が産業医面談と進む。これは第二次予防に該当する。

② ストレスチェックで使用される質問紙は信頼性と妥当性が確保されているものを使用することが法として定められている。

③ ストレスチェック制度において、いかなる情報も評価を左右する可能性があるため、事業者には伝えられない。

④ ストレスチェック制度が施行されたのは2015年12月である。

⑤ ストレスチェックの実施者に臨床心理士はなることが可能である。

問題 3（2019年問33）

ストレスチェック制度について、正しいものを１つ選べ。

① 事業者は、ストレスチェックの実施者を兼ねることができる。

② 事業者は、面接指導の結果を記録しておかなければならない。

③ 事業者は、労働者の同意がなくても、その検査の結果を把握することができる。

④ 医師による面接指導を実施するにあたり、情報通信機器を用いて行うことは認められていない。

⑤ 事業者は、一定程度以上の心理的な負担が認められる全ての労働者に対し医師による面接指導を行わなければならない。

解説＆テクニック

問題 1　正答④

①×　事業者もしくは経営者である。

②×　安全配慮義務があるのは本人ではなく、事業者である。

③×　第一次予防が目的である。

④○　選任する必要がある。

⑤×　精神疾患も含まれる。

積極的に④を選べなくても、消去法で正答することが可能です。①管理監督者はいわゆる上司（部長、課長等）がなれる。②労働者が義務だと不調＝義務違反となってしまい整合性がとれなくなってしまう。③第一次予防と知っていれば問題なく×を付けられる。⑤そもそも「心理師」の試験なので精神疾患が含まれてくる、と考えるのが適切な判断です。

点に差がつく豆知識

労働者が 50 人以上 3000 人以下の事業場は、産業医を 1 名以上選任し、3001 人以上の事業場は 2 名以上選任する必要があります。また、従業員 50 人以上の事業場ごと（A 支社、B 支社など）に、産業医を選任する義務があることを覚えておきましょう。

キーワード解説

厚生労働省では働く人の健康の保持増進に資するため、THP（トータル・ヘルスプロモーション・プラン）を愛称として、働く人の心とからだの健康づくりを推進しています。THP を進める場合、研修を修了した産業医が健康測定を行い、その結果に基づき 4 つの健康指導（運動指導、保健指導、メンタルヘルスケア、栄養指導）等を THP のスタッフが行います。THP スタッフは産業医、心理相談担当者、産業栄養指導担当者、運動指導担当者、運動実践担当者、産業保健指導担当者です。

問題 2　正答④

①×　第一次予防である。

②×　信頼性と妥当性が確認されているものが望ましいが、「法として」は定められていない。

③×　部署ごとのデータは職場改善のために事業者にフィードバックされる。

④○　臨床心理士試験に出されたことがあるため、念のために押さえておく。

⑤×　公認心理師は実施者になれるが、臨床心理士は現時点では実施者にはなれない。

間違いやすい問題です。特に①は臨床心理学の訓練を受けてきた経験から第二次予防と考えてしまいやすいです。②についても「信頼性と妥当性があることが前提」の訓練を受けてきた場合は○をつけてしまう傾向があるので、覚えておきましょう。③は「いかなる」という言葉にアンテナを張って×を付けるのも手です。⑤については押さえておくとともに、最新の法令などにもアンテナを向ける必要があります。

点に差がつく豆知識

ストレスチェック制度の「実施者」とは、ストレスチェックを実施し、その結果を踏まえて面接指導の必要性を判断する者で、労働安全衛生法では、実施者について「事業者は、労働者に対し、厚生労働省令で定めるところにより、医師、保健師その他の厚生労働省令で定める者による心理的な負担の程度を把握するための検査を行わなければならない。」（第 66 条の 10 第 1 項）と記載されています。ストレスチェックの実施者は、産業保健や精神保健に関する知識を持つ医師、保健師、必要な研修を修了した看護師や精神保健福祉士ですが、2018 年 7 月 11 日の労働政策審議会安全衛生分科会の答申を受けて、ストレスチェックの実施者に必要な研修を修了した歯科医師と公認心理師が加えられました。

問題 3　正答②

①×　実施者になれてしまうと、個人情報が守られない。

②○　適切である。

③×　同意が必要である。

④△　迷ったら△をつける。

⑤×　「全ての」が×。

①③は個人情報保護の観点から×だとわかります。⑤については「全ての」が×。②④が残ります。④は参考書などにあまり記載されておらず、迷うかもしれません。その場合は△を付け、②を考えます。ストレスチェック制度が法律で定められたものであり、面接結果を反映させる必要がある点から、②に○を付けます。

2　ハラスメント

ハラスメントとは

ハラスメントとは人の尊厳を侵害する行為を指す。他者に肉体的、精神的な苦痛や困惑、不快感などを与えることであり、セクシュアル・ハラスメント（セクハラ）、パワー・ハラスメント（パワハラ）、アルコール・ハラスメント（アルハラ）などが代表的である。

COLUMN

ハラスメントの種類はセクハラやパワハラなどが有名ですが、まだ多くのハラスメントがあるとされています。カラオケを強要するカラオケ・ハラスメント（カラハラ）、妊婦への嫌がらせなどのマタニティ・ハラスメント（マタハラ）、体臭や香水の匂いで職場環境を悪化させるスメル・ハラスメント（スメハラ）、ダイバーシティ推進の中で人種や国籍の違いを理由に嫌がらせをするレイシャル・ハラスメント（レイハラ）などがあります。

問題 1（オリジナル）

ハラスメントについての以下の記述のうち、不適切なものを1つ選べ。

①　ハラスメントとは、相手を不快にさせたり、自身の尊厳を傷つけられたと感じたりさせる発言や行動のことをいう。

②　ハラスメントの加害者は明確な悪意が必ずある。

③　ハラスメントの加害者には、ハラスメントをしているという意識がない場合もある。

④　職場で行われるハラスメントは、被害を受けても仕事を続けることを優先させた場合には泣き寝入りすることとなり、結果として表面化せず深刻化するケースも少なくない。

⑤　セカンド・ハラスメントとはハラスメントに遭った被害者が、その事実を会社や組織に訴えたことが原因で、会社・組織等から二次的な被害を受けることである。

問題 2（オリジナル）

厚生労働省の発表におけるパワーハラスメントの現状として、不適切なものを1つ選べ。

①　各都道府県労働局等に設置されている「総合労働相談コーナー」に報告される「いじめ・嫌がらせ」に関する相談は年々増加している。

②　職場でのひどい嫌がらせ、いじめ、暴行や職場内のトラブルによって、うつ病などの精神障害を発病し、労災補償を受けるケースがある。

③　各都道府県労働局等に設置されている「総合労働相談コーナー」に報告される上下関係対人関係による件数は年々増加している。

④　厚生労働省の調査によると、従業員の悩み、不満、苦情、トラブルなどを受け付けるための相談窓口は、全ての企業ですでに設置されている。

⑤　厚生労働省の調査によると、従業員の悩み、不満、苦情、トラブルなどを受け付けるための相談窓口の設置状況は従業員1,000人以上の企業では98.0％であるが、従業員99人以下の企業では44.0％程度である。

問題 3（2020年問57）

雇用の分野における男女の均等な機会及び待遇の確保等に関する法律〈男女雇用機会均等法〉に規定されているセクシュアル・ハラスメントについて、正しいものを2つ選べ。

①　業務上明らかに不要なことや遂行不可能なことを強制すること

②　異性に対して行われるものであって、同性に対するものは含まないこと

③　職場において行われる性的な言動により、労働者の就業環境が害されること

④　業務上の合理性がなく、能力や経験とかけ離れた程度の低い仕事を命じることや仕事を与えないこと

⑤　職場での性的な言動に対して、労働者が拒否的な態度をとったことにより、当該労働者がその労働条件につき不利益を受けること

解説＆テクニック

問題 1　正答②

①○　基本的な説明である。

②×　悪意の有無に関係なく、被害者側が不快を感じることがハラスメントである。

③○　上記と同様。

④○　職場では、泣き寝入りのケースも多いと考えられる。

⑤○　セカンド・ハラスメントを「セカハラ」とも言う。

ハラスメントについての基本的な問題なので、この問題は確実に正解したいところ。正しい知識で積極的に②を選ぶのが望ましいですが、テクニックとしては②には「必ず」と限定的な言葉があるので、×前提で読みます。また③は「場合もある」と含みを持たせています。この選択肢は○の前提で進めます。

点に差がつくミニ知識

上記の②③のように「選択肢の整合性がとれていない」問題は、どちらかが○もしくは×である可能性が非常に高いです。このような選択肢を見つけた際には、残りの選択肢は後回しにして、これらに注力することが合格への近道です。

キーワード解説

セクハラ、セカハラの事例として、2014 年に行われた東京都議会の一般質問で、A 都議に対し議員席から「早く結婚した方がいいんじゃないか」という野次が飛んだ映像を覚えている方もいるかもしれません。野次を疑われた B 都議は自分の発言だったことを認めて A 都議に謝罪。ところが「男に頭を下げさせるとは、けしからん」といった的外れなクレームも起きました。メディアは報道として映像や写真を伝えましたが、A 都議に二次被害が及び、セカハラと解釈ができます。この事例からも、加害者の悪意のないケースがあることも考えてもらえるはずです。

問題２　正答④

問題①のテクニックを用います。④と⑤の選択肢を両方○にしようとすると、矛盾が生じます。このような選択肢はどちらかが×である可能性が非常に高いです。注目するのは④の「全ての」という言葉。ここから④が×である「当たり」をつけます。⑤の 98.0 %などの細かな数字は正確に覚えるのではなく、大まかに把握することがポイントです。

点に差がつくミニ知識

問題２は厚生労働省の「個別労働紛争解決制度実施状況」を引用しています。公認心理師試験は文部科学省、厚生労働省共管の資格制度です。試験対策として現状を把握する際には、上記省庁の最新のデータを押さえておきましょう。しかしながら頻回に見る必要はなく、試験が近づいてきたら、最新の情報を大まかに押さえておくことがポイントです。

問題３　正答③⑤

①×　不適切である。
②×　不適切である。同性も含まれる。
③○　適切である。
④×　不適切である。
⑤○　適切である。

「正しいものを２つ選べ」とありますが、消去法が合理的です。今回はセクハラであるので、性的な記載がなければ×です。①④は性的な内容の記載がないので×。②のように「～は含まれない」、「～は対象でない」は×である可能性が高いです。そうでなくても LGBT やダイバーシティが頭にあれば×を付けられると考えられます。残った③⑤が正答です。

3 キャリアコンサルティング

キャリアコンサルティングとは

キャリアコンサルティングとは、労働者の職業の選択、職業生活設計又は職業能力の開発及び向上に関する相談に応じ、助言及び指導を行うことを指す。また、キャリアコンサルティングを行う「キャリアコンサルタント」とは、キャリアコンサルティングを行う専門家で、企業、需給調整機関（ハローワーク等）、教育機関、若者自立支援機関など幅広い分野で活躍している。

COLUMN

キャリアコンサルタントという資格は、職業能力開発促進法により2016年４月に国家資格となりました。キャリアコンサルタントは名称独占資格であり、キャリアコンサルタントでない者は「キャリアコンサルタント」又はこれに紛らわしい名称を用いることができません。公認心理師と経緯、形態が似ている資格であるために、キャリアコンサルティングについても押さえておいた方が望ましいでしょう。

問題 1（オリジナル）

キャリアコンサルティングについての以下の記述のうち、不適切なものを１つ選べ。

① 「キャリア」とは、過去から将来の長期にわたる職務経験や、これに伴う計画的な能力開発の連鎖を指すものである。

② 「キャリア」とは「職業生涯」や「職務経歴」などと訳されることもある。

③ キャリアコンサルタントの資格は国家資格である。

④ キャリアコンサルタントの資格は業務独占資格である。

⑤ キャリアコンサルタントの資格は名称独占資格であり、まぎらわしい名称も用いることができない。

問題 2（2018 年問 100）

ワーク・モチベーション研究において人間関係論の基礎となったものとして、正しいものを１つ選べ。

① A.H. Maslow の欲求階層説

② D. McGregor の X－Y 理論

③ E. Mayo のホーソン研究

④ F.W. Taylor の科学的管理法

⑤ J.S. Adams の衡平理論

解説＆テクニック

問題 1　正答④

①〇　キャリアの説明である。

②〇　設問のような言葉を使われることもある。

③〇　2016 年から国家資格になった。

④×　業務独占ではない。

⑤〇　名称独占である。

名称独占、業務独占の違いについては出題されやすいので押さえておきましょう。公認心理師も名称独占で、まぎらわしい名称を使えないのも同様です。しかし業務独占ではありません。「キャリアコンサルタントは公認心理師と同じ」と覚えておくのが現実的な試験対策です。

点に差がつくミニ知識

キャリアコンサルタントは登録後、5 年ごとに更新が必要な資格です。試験としては 5 年の数字が変えられたり、「国家資格であるため、一度取得したら更新の必要がない」などと出題される可能性があります。

キーワード解説

キャリアコンサルタントは「まぎらわしい名称は使用できない」ですが、公認心理師も同様です。例えば「〇〇心理師」という名称は全て使用することができません。この点が「心理士」との大きな違いです。

問題 2　正答③

①×　欲求階層説は基本の概念であるが、人間関係論の基礎ではない。

②×　X－Y 理論とは組織における人間観のモデルである。人間は本来怠け者であり、強制され命令されないと働かないと考える「X 理論」と、仕事をすることは人間の本性であり、自ら設定した目標のためには進んで働くと考える「Y 理論」で構成されている。人間関係論ではない。

③○　「ホーソン工場」では、科学的管理法の影響下で、照明条件や休憩条件、作業時間などの物理的環境の変化が生産能率にどのような影響を及ぼすかを調べる一連の実験が行われ、その結果は物理的な要因と生産性との対応関係について報告されず、重要なのは実験に参加した従業員たちの、自分たちが周囲から注目されているという意識だということがわかった。この結果から組織における人間的側面の重要性を重視し、Mayo, E. は人間関係論を展開した。

④×　科学的管理法は、職務に必要な要件や作業環境・機材、責任権限などを科学的に明確化（職務分析）し、一連の人事管理（採用～配置・異動～教育・訓練～評価）を検討するものである。人間関係論ではない。

⑤×　衡平理論とは、不公平（不衡平）の程度とその解消への動機づけについて説明した理論である。人間関係論ではない。

厳密なキャリアコンサルティングの問題ではありませんが、産業領域であるのでここで取り上げます。これは難問です。理由として、産業領域で働いている心理師が多くないため、この知識が入っていないケースが多いこと、そしてテクニックのみでは正答にたどりつけない（単純に知識が試されている）ことです。①は基本なので、人間関係論ではないことから×、④も科学的管理法という言葉から×を付ける「勘」を養いたいところです。

点に差がつくミニ知識

臨床心理学領域ではなじみが少ないかもしれませんが、ホーソン研究は「ホーソン効果」と言われ、産業心理領域では有名な研究です。その他押さえておくポイントとして、ホーソン研究の結果から、①科学的管理法を批判したこと、②リーダーシップ、動機づけ、職務満足感、コミュニケーションといった職場の人間関係の重要性の研究に展開していったことがあります。

4 ダイバーシティ

ダイバーシティとは

ダイバーシティとは、多様性という意味の英単語（diversity）である。産業領域でこの言葉が用いられる際には、国籍、性別、年齢などにこだわらず様々な人材を登用し、多様な働き方を受容していこうという考え方のことを指す。

COLUMN

経済産業省では、「ダイバーシティ経営によって企業価値向上を果たした企業」を表彰する「ダイバーシティ経営企業100選」事業を行っています。今やダイバーシティ推進は国全体で推し進める施策となってきているのです。

問題 1（オリジナル）

ダイバーシティについての以下の説明で、不適切なものを１つ選べ。

① ダイバーシティ推進という言葉が産業領域で使われる際には、国籍や性別、年齢などにかかわらず様々な人材を登用し、働き方を受容しようという取り組み全般を指すことが多い。

② 女性をはじめとする多様な人材の活躍は、多様化する市場ニーズやリスクへの対応力を高める「ダイバーシティ経営」を推進する上で、日本経済の持続的成長にとって、不可欠である。

③ ダイバーシティ推進の際に重要視されるのは、女性の活躍の機会のみである。

④ 経済産業省では、「ダイバーシティ経営によって企業価値向上を果たした企業」を表彰する「ダイバーシティ経営企業100選」事業を行っている。

問題2（オリジナル）

LGBTについての以下の説明で、不適切なものを1つ選べ。

① Lは Lesbian の頭文字である。

② Gは Gay の頭文字である。

③ Bは Business の頭文字である。

④ Tは Transgender の頭文字である。

点に差がつくミニ知識

「性別」に関してはLGBTの受け入れもダイバーシティに含まれます。LGBTとは、Lesbian（レズビアン、女性同性愛者）、Gay（ゲイ、男性同性愛者）、Bisexual（バイセクシュアル、両性愛者）、Transgender（トランスジェンダー、性別越境者）の頭文字をとった単語で、セクシュアル・マイノリティ（性的少数者）の総称のひとつです。

キーワード解説

近年はSOGIという言葉で表現されることもあります。SOGIは、「Sexual Orientation and Gender Identity（性指向と性のアイデンティティ）」の頭文字から造られた用語です。誰もがそれぞれのセクシュアリティを持っているという考え方に基づいています。

解説＆テクニック

問題１　正答③

①○　ダイバーシティ推進の説明である。

②○　女性の社会的な活躍は必要不可欠である。

③×　「女性の活躍の機会のみ」ではなく、国籍や年齢などの多様性も受け入れる。

④○　国も積極的に後押しをしている。

ダイバーシティは国が後押ししていることからも、国家資格である公認心理師試験に出題される可能性があります。この問題では「のみ」という限定的な表現に気づくことができれば容易に正答できます。

問題２　正答③

①○　女性同性愛者の頭文字である。

②○　男性同性愛者の頭文字である。

③×　Bisexual（バイセクシュアル、両性愛者）の頭文字である。

④○　性別越境者のことである。

LGBTは知っている方も多いかもしれませんが、「何の略か」と問われると全て答えられない方も多いです。このような「言葉を変えやすい問題」は出題される可能性があり、これを機に覚えておきましょう。

点に差がつくミニ知識

LGBTだけではない、多様なセクシュアリティがあります。一例ですが、恋愛感情を持っても性的欲求を抱かないノンセクシュアル（非性愛者）、「好きになる性」が性別にとらわれないパンセクシャルというものもあります。

5 ワーク・ライフ・バランス

ワーク・ライフ・バランスとは

ワーク・ライフ・バランスとは、「仕事と生活の調和」のことであり、「国民一人ひとりがやりがいや充実感を持ちながら働き、仕事上の責任を果たすとともに、家庭や地域生活などにおいても、子育て期、中高年期といった人生の各段階に応じて多様な生き方が選択・実現できる」ことを指す。

問題 1（2018 年問 37）

仕事の生活の調和（ワーク・ライフ・バランス）憲章について、誤っているものを１つ選べ。

① 働く人々の健康が保持され、家族・友人との時間、社会参加のための時間を持てる社会を目指す。

② 能力や成果に応じて報酬が配分されることによって、就労による経済的自立が可能な社会を目指す。

③ 仕事と生活の調和推進のための行動指針では数値目標を設定し、政策への反映を図ることとしている。

④ 性や年齢にかかわらず、誰もが自らの意欲と能力を持って、多様な働き方・生き方が選択できる社会を目指す。

⑤ 国民一人ひとりが仕事上の責任を果たすとともに、家庭や地域生活などにおいても、多様な生き方が選択・実現できる社会を目指す。

問題 2（オリジナル）

「ワーク・ライフ・バランス憲章」において、「仕事と生活が両立しにくい現実」の例として記載されていないものを１つ選べ。

① 安定した仕事に就けず、経済的に自立することができない。

② 仕事に追われ、心身の疲労から健康を害しかねない。

③ 仕事と子育てや老親の介護との両立に悩む。

④ 能力が正当に評価されないシステムの問題。

COLUMN

　ワーク・ライフ・バランスという言葉は、日本では少子化対策・男女共同参画の文脈で語られることが多いですが、出生率向上・男女均等政策のみならず、労働時間政策、非正規労働者政策など働き方の全般的な改革に関わります。2007年（平成19）年12月18日、政府、地方公共団体、経済界、労働界の合意により、「仕事と生活の調和（ワーク・ライフ・バランス）憲章」が策定され、現在、官民を挙げて様々な取組が進められています。

解説＆テクニック

問題1　正答②

①○　ワーク・ライフ・バランスそのものの記述である。
②×　前半部分がワーク・ライフ・バランスに該当しない。
③○　数値目標が設定されている。
④○　ダイバーシティの考えも必要である。
⑤○　ワーク・ライフ・バランスそのものの記述である。

　基本的な問題です。ワーク・ライフ・バランス憲章の中身を覚えていなくても国語力で「バランス」を欠いた選択肢である②を選びます。「憲章」は一度目を通しておきましょう。

点に差がつくミニ知識

　内閣府の施策で「カエル！ジャパンキャンペーン」というワーク・ライフ・バランス推進のためのキャンペーンが行われています。「ひとつ『働き方』を変えてみよう！」のキャッチフレーズで行われており、一度目を通しておきましょう。

キーワード解説

「憲章」には次のような記載があります。「仕事と生活の調和と経済成長は車の両輪であり、若者が経済的に自立し、性や年齢などに関わらず誰もが意欲と能力を発揮して労働市場に参加することは、我が国の活力と成長力を高め、ひいては、少子化の流れを変え、持続可能な社会の実現にも資することとなる。そのような社会の実現に向けて、国民一人ひとりが積極的に取り組めるよう、ここに、仕事と生活の調和の必要性、目指すべき社会の姿を示し、新たな決意の下、官民一体となって取り組んでいくため、政労使の合意により本憲章を策定する。」すなわち、「仕事と生活の調和」と「経済成長」は「車の両輪」であるとの記載です。もし問題で「経済成長よりも休息を優先」といった記載があれば、×を付ける必要があります。

問題２　正答④

①②③○　憲章に記載がある。

④×　憲章には記載されていない項目である。

「憲章」の中に「仕事と生活の調和が実現した社会の姿」として、「具体的には、以下のような社会を目指すべきである。」という記載があります。

1. **就労による経済的自立が可能な社会**
   経済的自立を必要とする者とりわけ若者がいきいきと働くことができ、かつ、経済的に自立可能な働き方ができ、結婚や子育てに関する希望の実現などに向けて、暮らしの経済的基盤が確保できる。
2. **健康で豊かな生活のための時間が確保できる社会**
   働く人々の健康が保持され、家族・友人などとの充実した時間、自己啓発や地域活動への参加のための時間などを持てる豊かな生活ができる。
3. **多様な働き方・生き方が選択できる社会**
   性や年齢などにかかわらず、誰もが自らの意欲と能力を持って様々な働き方や生き方に挑戦できる機会が提供されており、子育てや親の介護が必要な時期など個人の置かれた状況に応じて多様で柔軟な働き方が選択でき、しかも公正な処遇が確保されている。

上記３点を押さえておきましょう。また、同様の問題が出題された場合、問１と同様に、企業での評価、報酬のみに限定されたものは×である可能性が高いことを念頭においておきましょう。

COLUMN

産業領域における心理職の仕事内容・注意点と1日の流れ

ストレスチェック制度が義務化され、産業場面での心理職の活躍の場は増えてきました。多くの企業も以前は福利厚生として、心理面へのケアを行っていたものが、経営戦略としてメンタルヘルスケアを実施する企業が多くなってきました。

産業場面における心理職の仕事は、多くの方がイメージされる不調者のカウンセリングを担当する「カウンセラー」としての役割はもちろん、一般社員、管理職などに一次予防としてのセルフケア、ラインケアの研修の実施する「研修講師」の役割、そして経営者、人事部等に施策の提案をしたり相談に乗ったりする「コンサルタント」の役割、施策の効果測定を実施する「研究者」の役割もあります。2018年に公認心理師もストレスチェック実施者になれることが法律で決まり、その役割も加味されます。

参考までに、産業領域で働くある一日の活動の様子を紹介します。朝、8時半に出勤し朝の打ち合わせを自社のオフィスにて行います。顧客企業との午前の打合せは10時前後になることが多く、9時台に移動します。10時から顧客企業にて次年度メンタルヘルス施策の打合せを人事部のスタッフとともに行い、情報共有。お昼の時間で企業の社員のカウンセリングを実施します（勤務中に抜けると同僚に「カウンセリングを受けている」と分かってしまうため、お昼休みや夕方、夜にカウンセリングを受ける方も多くいらっしゃいます）。午後は引き続き、カウンセリングの実施。そしてそれが終わって食事を終えて、14時30分からその産業医を中心としたその企業の医療職が集まってのミーティングを実施します。17時に帰社した後は、一日のまとめ、明日の準備をして退社します。医療職ミーティングがなくカウンセリングが午後いっぱいある日もありますし、上述した「仕事が終わってから夕方や夜にカウンセリングを受けたい」という方のカウンセリングを実施した後は、自社に戻らずに直帰をしたりすることもあります。

産業領域で心理職として働く場合、特に意識するのは守秘義務の扱い、そして経営数字への意識です。当然守秘義務があり、カウンセリング内の内容を話すことはありませんが、カウンセリングの料金は会社負担であり、請求書をお送りする関係で「誰がカウンセリングを受けたか」は会社に伝える必要があります。また、場合によっては会社として対応をとっていただく必要も生じてきます。会社への共有について本人に同意がとれた際には問題ないのですが、本人がそれを拒否した際には、カウンセリングの方向性などについて悩むことも多いです。もし同意がとれても伝え方によっては本人の待遇（給与、異動、キャリア）に影響を与える可能性もあり、非常に慎重になります。また、産業領域においては当然ですが、関わる多くの方が企業関係者です。単に「従業員の心理状態が良くなった」だけではなく、それが「経営にどれだけプラスになったか」なども説明できないと次年度以降、契約が更新されないこともあります。

上記のように難しいことも多いですが、「やりがい」と捉えると、心理職の活躍の場は広いです。

MEMO

CHAPTER

12 精神疾患とその治療

1 精神疾患の診断分類

精神疾患の診断分類とは

精神疾患の診断分類で有名なものはDSM-5である。DSM-5とは、2013年にアメリカ精神医学会が発表した"Diagnostic and Statistical Manual of Mental Disorders, 5th Edition"のことであり、日本でも日本精神神経学会の翻訳により『DSM-5　精神疾患の診断・統計マニュアル』として刊行されている。

問題 1（オリジナル）

DSM-5に関する次の記述のうち、正しいものを以下の中から2つ選びなさい。

① 多軸システムが使われなくなり、診断軸を用いない記載方法となった。

② 「障害」を「症」に変えることが提案され、たとえば「パニック症／パニック障害」と記載されるようになった。

③ 「自閉スペクトラム症（ASD）」にまとめられていた診断は、「自閉性障害」、「アスペルガー障害」、「特定不能の広汎性発達障害」に分けられた。

④ 各疾患の分類においてICDとの整合性は考慮されなくなり、DSMの独自性が優先されるようになった。

問題 2（2018年追問52）

DSM-5の神経発達症群／神経発達障害群について、正しいものを2つ選べ。

① 選択性緘黙が含まれる。

② 典型的には発達早期に明らかとなる。

③ 知的障害を伴わない発達障害のグループである。

④ 異なる神経発達症が併発することはほとんどない。

⑤ 発達の里程標への到達の遅れだけでなく、過剰な兆候も含まれる。

解説&テクニック

問題 1　正答①②

①○　多軸診断は用いられない。

②○　適切である。

③×　自閉スペクトラム症にまとめられた。

④×　ICD-10との整合性は考慮されている。

基本問題なので積極的に①②を選びたいところです。③は逆であり、④は国語力などでも×を付けられます。

点に差がつくミニ知識

ICD-10とは、「疾病及び関連保健問題の国際統計分類（International Statistical Classification of Diseases and Related Health Problems）」の略であり、異なる国や地域から、異なる時点で集計された死亡や疾病のデータの体系的な記録、分析、解釈及び比較を行うため、世界保健機関憲章に基づき、世界保健機関（WHO）が作成した分類です。近年はDSM-5との整合性がとられるようになってきています。

問題 2　正答②⑤

①×　選択性緘黙は含まれない。

②○　適切である。

③×　知的障害も含まれる。

④×　併発することは多い。

⑤○　適切である。

消去法とテクニックで解いていきます。③④は基本的な項目なので押さえておきましょう。①はもし覚えていなければ△を付けておき、②は「典型的には」と含みを持たせていることから○を付けます。⑤は「過剰な兆候」も生きづらさであることを考えると、①との比較で○になり、②⑤を採択することになります。

点に差がつくミニ知識

選択性緘黙は、DSM-IV-TRまでは「通常、幼児期、小児期、または青年期に初めて診断される障害」のカテゴリーに分類されていましたが、DSM-5から「不安症群」に含まれるようになり、DSM-IV-TRと同様に「選択性緘黙」という訳語となりました。このように、DSM-IV-TRとDSM-5で変更になった箇所は出題されやすいと考えられるので要チェックです。

2 統合失調症

統合失調症とは、幻覚や妄想といった精神病症状や意欲・自発性低下などの機能低下、認知機能低下などを主症状とする精神疾患である。好発年齢は思春期から青年期であり、発症率は0.7％前後である。原因としてドーパミン仮説などがあるが、「仮説」の段階である。治療は薬物療法や認知行動療法等が行われる。

問題 1（2018年問103）

統合失調症の特徴的な症状として、最も適切なものを１つ選べ。

① 幻視
② 観念奔逸
③ 情動麻痺
④ 被影響妄想
⑤ 誇大的な認知

問題 2（2018年問104）

副作用としてアカシジアを最も発現しやすい薬剤について、正しいものを１つ選べ。

① 抗うつ薬
② 抗不安薬
③ 気分安定薬
④ 抗精神病薬
⑤ 抗認知症薬

問題３（2020 年問 2）

統合失調症の症状が増悪したクライエントへの公認心理師の介入について、適切なものを１つ選べ。

① 症状増悪時は、心理的支援を行わない。

② 幻聴に関して、幻覚であることを自覚させる。

③ 緊張病性昏迷では、身体管理が必要となる可能性があることを家族に伝える。

④ 作為体験によるリストカットは、ためらい傷程度であれば特に緊急性はない。

⑤ 服薬を拒否するクライエントに対して、薬は無理に服薬しなくてよいと伝える。

COLUMN

統合失調症は心理職の試験において頻出です。臨床心理士試験では毎年のように出題されるので、公認心理師試験も同様であろうと予測されます。理由として、重要な疾患であるのはもちろん、独特の言い回しや統合失調症ならではのカタカナ（例：プレコックス感）が多く、国語力のみでは解けない問題を作成しやすいためです。

解説＆テクニック

問題１　正答④

①× 幻聴に比べ、幻視はそれほど多くないとされている。

②× 双極性障害や酩酊時などの、思考の進みが早く思いつきは多いが、道から逸れやすいことを「観念奔逸」といい、「特徴的な」ではない。

③× 情動麻痺ではなく、感情鈍麻である。

④○ 適切である。

⑤× 統合失調症にも見られるが、双極性障害により多くみられる。

「統合失調症の特徴的な」という文言が、この問題を難しくさせています。例えば①②⑤も統合失調症に見られる症状なのですが、「特徴的」ではないために×となってしまう問題だからです。③は言葉が似たものに変えられています。

点に差がつくミニ知識

上記の設問の場合、選択肢で絞り切れない場合は設問に戻り、「特徴的な」から出題者の意図を汲むことが必要になります。これも「技術」なのです。

問題２　正解④

①②③⑤×　適切でない。

④○　適切である。

ブループリントの「錐体外路症状」を押さえていれば比較的容易に選ぶことができる問題です。しかし、覚えていなければ全く解けません。錐体外路症状は今後も狙われやすいと考えられるので、これを機に押さえておきましょう。

キーワード解説

錐体外路症状とは抗精神病薬の副作用であり、パーキンソン症状、アカシジア、ジスキネジア、ジストニアなどが挙げられます。

点に差がつくミニ知識

「抗精神病薬」と「向精神薬」を混同している受験生が多いのですが、前者は統合失調症の薬であり、後者は抗精神病薬も含み、抗うつ薬、抗不安薬、そしてアルコールや麻薬なども含む、精神に作用する薬物の総称です。

問題 3　正答③

①×　「行わない」というのは×である可能性が高い。

②×　自覚できれば幻聴でなない。

③○　適切である。

④×　「緊急性はない」と断言するのは危険である。

⑤×　「服薬しなくてよい」と心理職の立場では言えない。

統合失調症のケースを持ったことがなくても、語尾などを意識することで正答できる問題です。①については慎重に検討することが大切です。③は「可能性があることを」という「含み」を持たせた言い回しであることから○を前提に読み進めます。④⑤が明確に×なので、残った③を選びます。

3　大うつ病性障害

大うつ病性障害とは

大うつ病性障害とは、一日のほとんどやほぼ毎日、気分が沈み、さらに著しい機能の障害を引き起こす症状である。12か月有病率は約2％、生涯有病率は10％前後といわれており、女性の有病率は男性に比べて約2倍高い。

COLUMN

DSM-5における、大うつ病性障害の診断基準を押さえておきましょう。

以下の症状のうち、少なくとも1つある。

1. 抑うつ気分
2. 興味または喜びの喪失

さらに、以下の症状を併せて、合計で5つ以上が認められる。

3. 食欲の減退あるいは増加、体重の減少あるいは増加
4. 不眠あるいは睡眠過多
5. 精神運動性の焦燥または制止（沈滞）
6. 易疲労感または気力の減退
7. 無価値感または過剰（不適切）な罪責感
8. 思考力や集中力の減退または決断困難
9. 死についての反復思考、自殺念慮、自殺企図

上記症状がほぼ1日中、そしてほぼ毎日あり2週間にわたっている症状のために著しい苦痛または社会的、職業的、または他の重要な領域における機能障害を引き起こしている。これらの症状は一般身体疾患や物質依存（薬物またはアルコールなど）では説明できない。

問題 1（2019年問57）

うつ病にみられることが多い症状として、適切なものを2つ選べ。

① 心気妄想

② 迫害妄想

③ 貧困妄想

④ 妄想気分

⑤ 世界没落体験

問題 2（2018年問134）

かかりつけの内科医に通院して薬物療法を受けているうつ病の患者を精神科医へ紹介すべき症状として、適切なものを2つ選べ。

① 不眠

② 自殺念慮

③ 体重減少

④ 改善しない抑うつ症状

⑤ 心理的原因による抑うつ症状

解説＆テクニック

問題 1 正答①③

①③○　適切である。

②④⑤×　不適切である。

点に差がつくミニ知識

大うつ病性障害の三大妄想は「貧困妄想」「罪業妄想」「心気妄想」です。頭文字をとって、「ひざし」と覚えましょう。

問題 2　正答②④

①×　内科で対応可。

②○　精神科医の範疇。

③×　内科で対応可。

④○　「改善しない」なので、精神科医に。

⑤×　○を付けたいところだが、「心理的原因」をまずは内科で治療し、それでも「改善しない」状態ならば精神科医に。

解答のポイントは「現在内科医の治療を受けている」状態で「精神科医」に紹介するものであるから、身体症状を除いていきます。そうすると①③は容易に×を付けることができます。⑤も○を付けたいところですが、心理的原因もまずは内科で対応し、そして④のように「改善しない」状態ならば、精神科に紹介する流れになります。

点に差がつくミニ知識

上記のように④⑤と「抑うつ症状」と続いた場合は要チェックです。どちらかが条件付けで×である可能性が高いからです。今回の場合は「改善しない」がポイントです。このような設問で、④⑤の２つを選んでしまわない「勘」を養いましょう。

4 PTSD（心的外傷後ストレス障害）

PTSDとは、突然の不幸な出来事によって命の安全が脅かされたり、人としての尊厳が損なわれるような強い精神的衝撃を受けることが原因で、心身に支障を来し、社会生活にも影響を及ぼす様々なストレス障害を引き起こす精神的な後遺症、疾患のことである。PTSDは地震、洪水、火事のような災害、または事故、戦争、テロといった人災、あるいはいじめ、監禁、虐待、強姦、体罰などの犯罪等、多様な原因によって生じる。

問題 1（2019年問22）

DSM-5の心的外傷後ストレス障害〈PTSD〉について、正しいものを1つ選べ。

① 児童虐待との関連は認められない。
② 症状が1か月以上続いている必要がある。
③ 診断の必須項目として抑うつ症状がある。
④ 眼球運動による脱感作と再処理法〈EMDR〉の治療効果はない。
⑤ 心的外傷の原因となる出来事は文化的背景によって異なることはない。

問題 2（2018年問153）

28歳の女性A、会社員。Aは、3か月前に夜遅く一人で歩いていたところ、強制性交等罪（強姦）の被害に遭った。その後、気がつくと事件のことを考えており、いらいらしてささいなことで怒るようになった。仕事にも集中できずミスが目立つようになり、上司から心配されるまでになった。「自分はどうして事件に巻き込まれたのか。こんな私だから事件に遭ったのだろう。後ろから足音が聞こえてくると怖くなる。上司も私を襲ってくるかもしれない」と思うようになった。

Aに認められていない症状として、正しいものを1つ選べ。

① 侵入症状
② 回避症状
③ 覚醒度と反応性の変化
④ 認知と気分の陰性変化

解説＆テクニック

問題 1　正答②

①×　「認められない」などと断定している場合は×の可能性が高い。

②○　1か月未満だと急性ストレス障害である。

③×　「必須」ではない。

④×　「治療効果はない」などと断定している場合は×の可能性が高い。

⑤×　「異なることはない」などと断定している場合は×の可能性が高い。

②は比較的有名であるため、積極的に○を付けられるかもしれません。また、PTSD は「危うく死ぬ」「重症を負う」「性的暴行」の３つが診断の要因であり、いじめによる「無視」は該当しないことを押さえましょう。

点に差がつくミニ知識

PTSD の診断基準、症状は、DSM-5 では「侵入症状」「回避症状」「認知と気分の陰性の変化」「覚醒度と反応性の著しい変化」の４症状が揃って出現し、1か月以上持続します。この４つの症状を覚えておきましょう。もし１か月未満であれば急性ストレス障害（ASD）となります。

問題 2　正答②

①○　「気がつくと事件のことを考えており」とある。

②×　記載なし。

③○　「いらいらしてささいなことで怒るようになった」、「仕事にも集中できずミスが目立つようになり」と記載あり。

④○　「自分はどうして事件に巻き込まれたのか。こんな私だから事件に遭ったのだろう」、「上司も私を襲ってくるかもしれない」という記述がある。

診断基準の知識がなくても国語力で解答できる問題です。「事例問題＝難しい」と考えてしまう方もいますが、決してそのようなことはなく、国語力に落とし込めてしまうものが多いです。「知らない」とパニックにならずに、「解ける」ということを大切にしていきましょう。

5 パーソナリティ障害

パーソナリティ障害は、大多数の人とは違う反応や行動をすることで本人が苦しんでいたり、周りが困っているケースに診断される精神疾患である。認知や感情、衝動コントロール、対人関係といった広い範囲のパーソナリティ機能の偏りから障害（問題）が生じるもので、「性格が悪いこと」ではなく、障害であることに周囲も認識する必要がある。

問題 1（2018 年追問 102）

境界性パーソナリティ障害〈情緒不安定性パーソナリティ障害〉の特徴について、最も適切なものを１つ選べ。

① 他人の権利を無視し、侵害する。
② 他人の動機を悪意あるものとして解釈する。
③ 過度な情動性を示し、人の注意を引こうとする。
④ 社会的関係からの離脱と感情表出の範囲の限定が見られる。
⑤ 対人関係、自己像及び感情の不安定と著しい情動性を示す。

問題 2（オリジナル）

境界性パーソナリティ障害のクライエントに接する際、気をつける事柄についての以下の記述のうち、誤っているものを１つ選べ。

① A-T スプリットも視野に入れる。
② 試し行動がよく見られるため、面接構造を臨機応変に修正する必要がある。
③ 介入方法としては弁証法的行動療法（DBT）がある。
④ 治療は長期にわたることが多く、長期的視野で対応する。

問題 3（2019 年問 11）

秩序や完全さにとらわれて、柔軟性を欠き、効率性が犠牲にされるという症状を特徴とするパーソナリティ障害として、最も適切なものを１つ選べ。

① 境界性パーソナリティ障害

② 強迫性パーソナリティ障害

③ 猜疑性パーソナリティ障害

④ スキゾイドパーソナリティ障害

⑤ 統合失調型パーソナリティ障害

問題 4（2020 年問 79）

精神科領域における公認心理師の活動について、適切なものを１つ選べ。

① 統合失調症患者に対するソーシャルスキルトレーニング〈SST〉は、個別指導が最も効果的とされる。

② 神経性やせ症／神経性無食欲症の患者が身体の話題を嫌う場合、身体症状に触れずに心理療法を行う。

③ 精神疾患への心理教育は、家族を治療支援者とするためのものであり、当事者には実施しない場合が多い。

④ 境界性パーソナリティ障害の治療では、患者への支援だけではなく、必要に応じてスタッフへの支援も行う。

⑤ 妊産婦に精神医学的問題がある場合、産科医が病状を把握していれば、助産師と情報を共有する必要はない。

COLUMN

パーソナリティ障害は、症状の類似性に基づいて3つの群に分けられます。A群には、猜疑性、シゾイド、および統合失調型パーソナリティ障害が含まれています。これらの障害をもつ人の特徴は、奇妙で風変わりに見えることです。B群には、反社会性、境界性、演技性、および自己愛性パーソナリティ障害が含まれています。これらの障害をもつ人の特徴は、演技的で、情緒的で、移り気に見えます。C群には、回避性、依存性、および強迫性パーソナリティ障害が含まれています。これらの障害をもつ人の特徴は、不安または恐怖を感じているように見えます。上記の各群を大まかに押さえておきましょう。

解説＆テクニック

問題1　正答⑤

①×　反社会性パーソナリティ障害の説明である。

②×　猜疑性パーソナリティ障害の説明である。

③×　演技性パーソナリティ障害の説明である。

④×　回避性パーソナリティ障害の説明である。

⑤○　不安定がキーワードである。

恐らくパーソナリティ障害で出題されるのは、この境界性パーソナリティ障害の特徴と他のパーソナリティ障害を見分けられるか、だと考えられます。この設問に関しては積極的に○を見つけにいきましょう。必ず「不安定」や「極端」などのキーワードが書かれているはずです。

点に差がつくミニ知識

DSM-5における、境界性パーソナリティ障害の診断基準の要約は以下になります。

1. 見捨てられる体験を避けようとする懸命の努力。
2. 理想化と過小評価との両極端を揺れ動く不安定な対人関係。
3. 同一性障害（自己像や自己感覚の不安定さ）。
4. 衝動性によって自己を傷つける可能性のある、浪費薬物常用といった行動。
5. 自殺の脅かし、自傷行為の繰り返し。
6. 著明な感情的な不安定さ。
7. 慢性的な空虚感、退屈。
8. 不適切で激しい怒り。
9. 一過性の妄想的念慮もしくは重症の解離症状。

上記のうち5つ当てはまれば診断されます。大切なのは全てを覚えることではなく、「不安定」な様子、「極端」な言動のキーワードを確認することです。

問題2　正答②

①③④○　適切である。

②×　治療構造は柔軟にしてはいけない。むしろ構造を守ることで試し行動に対応する。

①③の言葉が身近でない場合もありますが、そのような場合は△を付けて次に進みます。④は心理療法である以上、ブリーフセラピーなどを除いて短期で終わることはほとんどないので、そのように考えて○を付けます。残った②が正解です。ボーダーに対して治療構造を守ることは基本であり、この問題で押さえておきましょう。

点に差がつくミニ知識

A-Tスプリットとは、治療構造を守るために、文字通りAdministrator（管理者）とTherapist（治療者）を分ける方法です。必ずしも境界性パーソナリティ障害のみに使われるものではありませんが、心理職の試験においては、境界性パーソナリティ障害治療のキーワードと捉えて問題ありません。

問題３　正答②

①×　不適切である。

②○　適切である。

③④⑤△　迷ったら△。

パーソナリティ障害で必ず押さえるのは境界性パーソナリティ障害です。「極端さ」というキーワードで状態をだいたい把握しておきます。今回は残りの選択肢を検討し、「秩序さや完全さにとらわれて」という言葉から、②の強迫性パーソナリティ障害を選びます。

問題４　正答④

①×　普段 SST をしていれば集団で実施することが多いことがわかる。

②×　摂食障害では身体症状は確認する必要がある。

③×　当然、当事者にも実施。

④○　適切である。

⑤×　共有は必要である。

選択肢④の「必要に応じて」で○を付けることができます（→「点を取る技術：含みを持たせた選択肢はだいたい正解」）。○を付けてからは残りの選択肢を確認します。①は通常集団実施が多いことを知っていれば×、迷ったら△を付けます。②は身体症状は確認が必要です。これももし迷ったら△。③は問題なく×を付けられるでしょう。そして⑤のように「共有が必要ない」など過度な表現は×である可能性が高いです。

索　引

＊「上」は上巻、「下」は下巻を表しています。

事項索引

【英字】

【あ】

【か】

【さ】

【た】

【や】

【ら】

【わ】

人名索引

青山　有希（あおやま ゆき）

現職　東京女子体育大学・東京女子体育短期大学専任講師、十文字学園女子大学非常勤講師、早稲田大学人間科学部 e-school 教育コーチ

学歴　早稲田大学人間科学部卒業、早稲田大学大学院人間科学研究科修了

資格　公認心理師、臨床心理士、精神保健福祉士、修士（人間科学）

略歴　大学院修了後、主に教育・発達臨床場面（教育相談室・スクールカウンセラー・乳幼児健診）を中心に臨床活動をしている。アクティブに動ける臨床家を目指している。「伝える」「教える」仕事も大好きで、大学では「きらりと光る専門職」の養成に力を注いでいる。「きらりと光る専門職」を養成するために、自分自身もきらりと光る臨床家・教員・母であるべきと考え、日々奮闘中。

共編著者へのコメント

喜田先生を四字熟語で表すと「博学多才」。私が初めて出会った MENSA の会員！ものすごくクレバーで、でもすごく謙虚でいつも頼ってしまいます。

小湊先生を四字熟語で表すと「思慮分別」。ADHD 脳な私に対して，冷静に根拠を交えた建設的な意見をいつもくれるから！謙虚でやさしくて、いつも素敵な指南をいただいています。

喜田　智也（きた ともや）

現職　株式会社ポルトクオーレ代表取締役、NPO 法人マインドフルネスリテラシー協会理事長、神戸旧居留地心理療法研究所所長、早稲田大学人間科学部 e-school 教育コーチ

学歴　早稲田大学人間科学部卒業、早稲田大学大学院人間科学研究科修了

資格　公認心理師、臨床心理士、専門健康心理士、産業カウンセラー、心理学検定特 1 級、修士（人間科学）、MENSA 会員

略歴　大学院修了後に株式会社公文教育研究会で勤務。その後、産業場面を中心に臨床活動をしている。その他、早稲田大学人間科学部 e-school 教育コーチとして認知心理学や統計学を担当、予備校にて公認心理師試験、臨床心理士試験他対策講座などを担当し、特に試験対策においては「『技術』を用いて『最小限の知識で合格』」をモットーに教育活動をしている。

共編著者へのコメント

青山先生を四字熟語で表すと「英姿颯爽」。物怖じをされることがなく、行動も迅速で、颯爽とされている様子から。

小湊先生を四字熟語で表すと「千思万考」。常に多くの状況を考えておられ、その中から総合的に判断をされる方です。

小湊　真衣（こみなと まい）

現職　帝京科学大学教育人間科学部こども学科講師、一般財団法人田中教育研究所非常勤研究員、共立女子短期大学ほか非常勤講師

学歴　早稲田大学人間科学部卒業、早稲田大学大学院人間科学研究科修了、早稲田大学大学院人間科学研究科博士後期課程単位取得満期退学

資格　公認心理師、保育士、博士（人間科学）、日本子育て学会認定子育てコミュニケーター（プライマリー）

略歴　大学院在学中より、関東の複数の大学にて非常勤講師を務める。主な担当科目は「発達心理学」「教育心理学」「子ども家庭支援論」「教育相談」「心理データ解析演習」「心理学実験」など。大学在学時より田中教育研究所にて、知能検査の実施や発達検査の開発、教育相談などに携わっている。

共編著者へのコメント

青山先生を四字熟語で表すと、「電光石火」のひとことに尽きます。何しろ仕事も判断も行動に移すまでのスピードも規格外の速さで、いつも驚かされるとともに尊敬しています。「有言実行」「直往邁進」などもぴったりの言葉だと思います（あと「才色兼備」)。

喜田先生を四字熟語で表すと、「精明強幹」で「天衣無縫」。非常に高い能力をお持ちで仕事も完璧なのにもかかわらず、とても人間味があってお優しく、謙虚でいらっしゃるから。

忙しい人のための公認心理師試験対策問題集　第２版　上巻

2019 年 10 月 25 日　初版第 1 刷発行
2021 年 5 月 10 日　第 2 版第 1 刷発行

編著者　青山 有希、喜田 智也、小湊 真衣
発行者　細田 哲史

発行所　明誠書林合同会社
〒 357-0004　埼玉県飯能市新町 28-16
電話 042-980-7851
装　丁　田村奈津子
印刷・製本　藤原印刷

ISBN978-4-909942-14-2 C3011　Printed in Japan